L'homonyme de ce livre tire son titre du film humoristique de 1980 « The Gods Must Be Crazy », dans lequel une bouteille de Coca-Cola vide tombe d'un avion sur une communauté de bushmen africains. La bouteille est un cadeau divin, mais après qu'elle ait conduit à des luttes intestines entre les villageois, le chef tribal décide de la rendre aux dieux en envoyant un des anciens au bout du monde, pour la jeter dans l'univers. Grâce à ma bouteille de coca métaphorique, je peux voir l'aube d'une nouvelle ère. Ce livre est à la fois un témoignage des gloires passées de l'Empire américain, et un guide pour la restauration du Capitalisme et de l'Entreprise ... avant qu'il ne soit trop tard.

PRIÈRE POUR REVIVRE L'ÉPOQUE DE ROOSEVELT

« Ils arrivèrent ensuite à Jérusalem. Jésus entra dans le temple et se mit à chasser ceux qui vendaient ou qui achetaient à cet endroit ; il renversa les tables des changeurs d'argent et les sièges des vendeurs de pigeons, et il ne laissait personne transporter un objet à travers le temple. Puis il leur enseigna ceci : « Dans les Écritures, Dieu déclare « On appellera ma maison maison de prière pour tous les peuples », mais vous, ajouta-t-il, vous en avez fait une caverne de voleurs ». Les chefs des prêtres et les maîtres de la loi apprirent cela et ils cherchaient un moyen de faire mourir Jésus ; en effet ils avaient peur de lui parce que toute la foule était impressionnée par son enseignement ». (L'Évangile selon St Marc 11. 15-18).

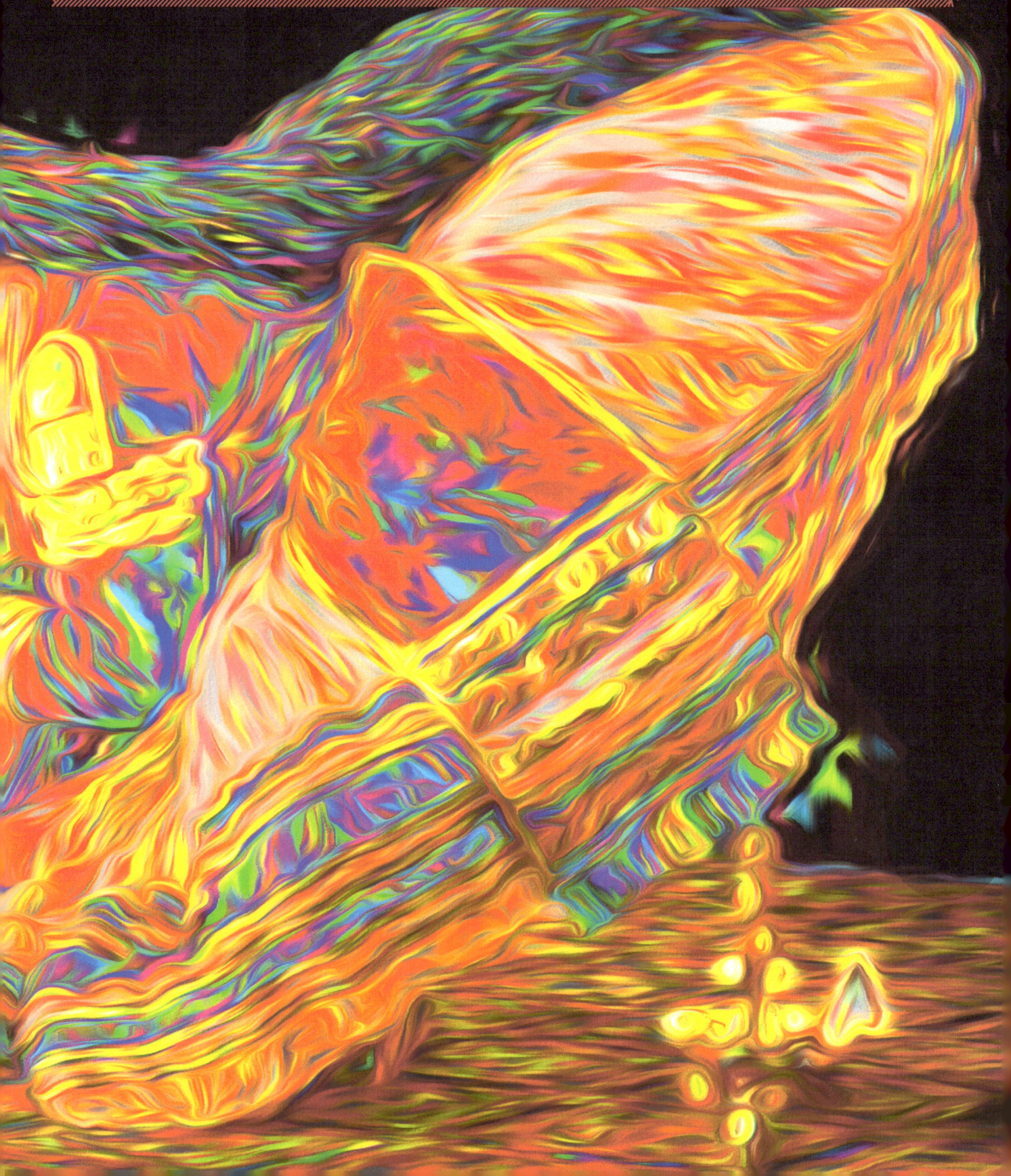

> *« S'il n'y a pas de sécurité chez nous, Il ne peut y avoir de paix durable dans le monde. »*
>
> — Franklin Delano Roosevelt

Alors que j'écris ce livre, l'anarchie éclate ; une guerre civile se déroule juste devant ma maison, au cœur de Chicago. Extrait d'un appel enregistré du conseil municipal de Chicago : « C'est « une zone de guerre virtuelle » où « des membres de gangs armés d'AK-47 menaçaient de tirer sur des Noirs ». Ils tirent sur la police ».

Pendant ce temps, dans le bureau du maire, la discussion du conseil municipal, qui a été enregistrée et portait sur la stratégie destinée à résoudre le problème, a dégénéré en un match de cris blasphématoires qui rappelle la république bananière[1] de Chiraq[2]. Je me demande ce que l'avenir nous réserve et s'il va falloir barricader[3] ma maison centenaire ? Même l'une des tours d'ivoire les plus exquises et emblématiques au monde (le dernier siège social de Britannica), protégée par une milice privée, semble être dangereuse.

J'ai pris l'engagement de « One Shared world », celui d'être un défenseur et une sauvegarde, non seulement pour mes bien-aimés États-Unis, mais pour l'humanité en général. Je crois qu'il est de ma responsabilité morale d'éduquer les autres à une infrastructure prédictive, préventive et réactive qui pourrait nous protéger des menaces existentielles communes.

TABLE DES MATIÈRES

LA MONTÉE IMMINENTE DE L'EMPIRE DU MILIEU

L'aube de l'Empire du Milieu

Notre empire est en danger et l'existence de ses entreprises est menacée avec lui. Si nous ne jouons pas nos cartes correctement, le prochain empire vorace (l'Empire du Milieu[4]) enverra bientôt ses garçons de courses pour collecter les factures des États-Unis et celles de plus d'une centaine d'autres pays, qu'il a colonisés financièrement depuis le tsunami économique de 2008.

Les dieux sont tombés sur la tête

Dans la première section du livre, je raconte mon parcours du combattant à travers les champs déformés de la réalité, du berceau du communisme en Orient aux catacombes du capitalisme en Occident. Ceci est dépeint dans le contexte du livre de Hernando de Soto, « Le mystère du capital : Pourquoi le capitalisme triomphe en Occident et échoue partout ailleurs ».

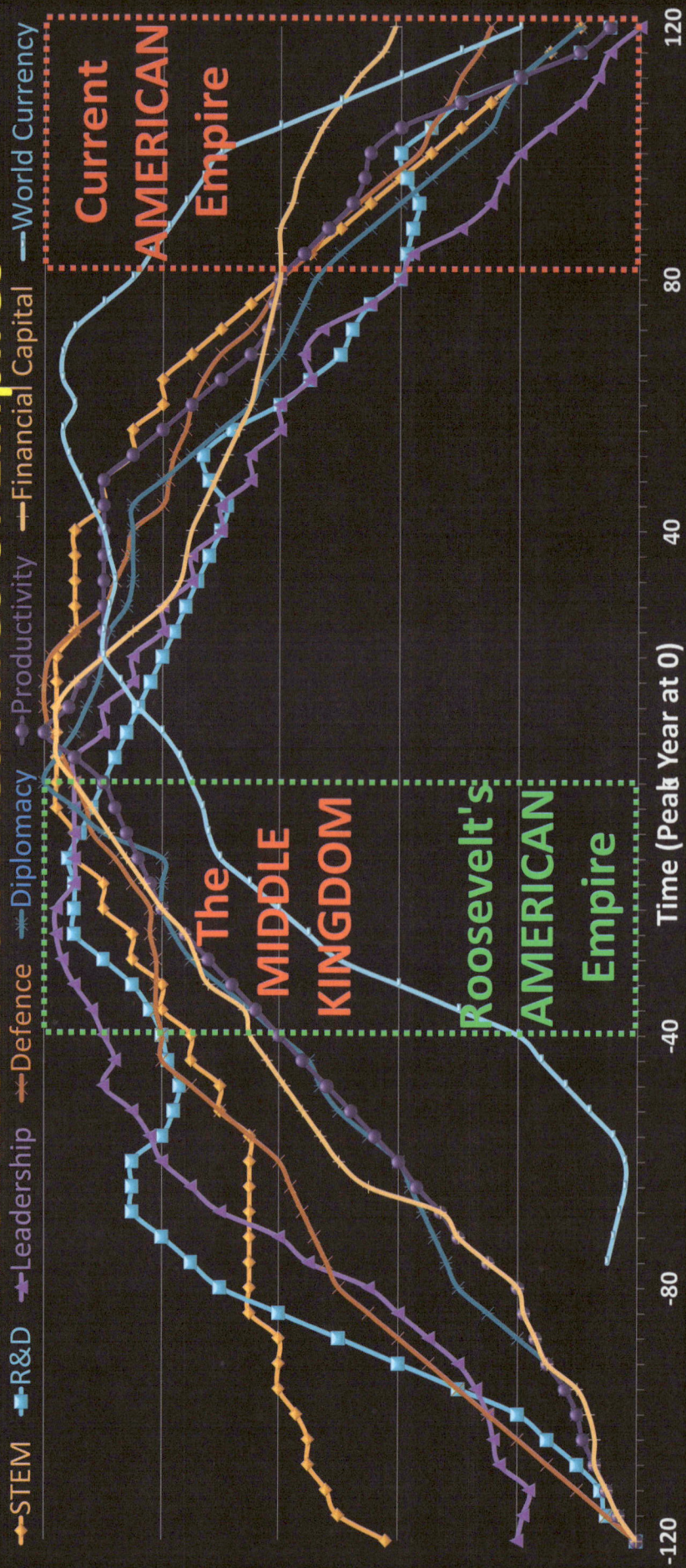

The Gods Must be Crazy!

The Rise & Fall Measures of Empires

Legend: STEM · R&D · Leadership · Defence · Diplomacy · Productivity · Financial Capital · World Currency

Current AMERICAN Empire

The MIDDLE KINGDOM

Roosevelt's AMERICAN Empire

Time (Peak Year at 0)

-120 -80 -40 0 40 80 120

Une proposition pour revivre l'époque de Roosevelt

Dans la deuxième partie du livre, j'adapte La Nouvelle Normalité du point de vue de la perspective de l'Empire à l'Entreprise pour expliquer comment nous sauver du Quatrième Reich[5], qui est devenu imminent.

La survie d'une entreprise est liée à la montée et à la chute de ses parrains, les empires du monde - comme nous en avons été témoins au cours des cinq derniers siècles avec les plus célèbres sociétés, telles les entreprises néerlandaises[6] et britanniques[7] des Indes orientales.

Je creuse la tombe de la fondation du capitalisme et vous soumets ma prescription pour ramener le bon vieux « New Deal[8] » de Roosevelt et nous épargner le IVe Reich. Je défends mon hypothèse selon laquelle beaucoup d'entreprises sont une bande de grenouilles d'ingénierie financière, « accro » à la dette, nageant dans l'huile tiède de serpent[9]

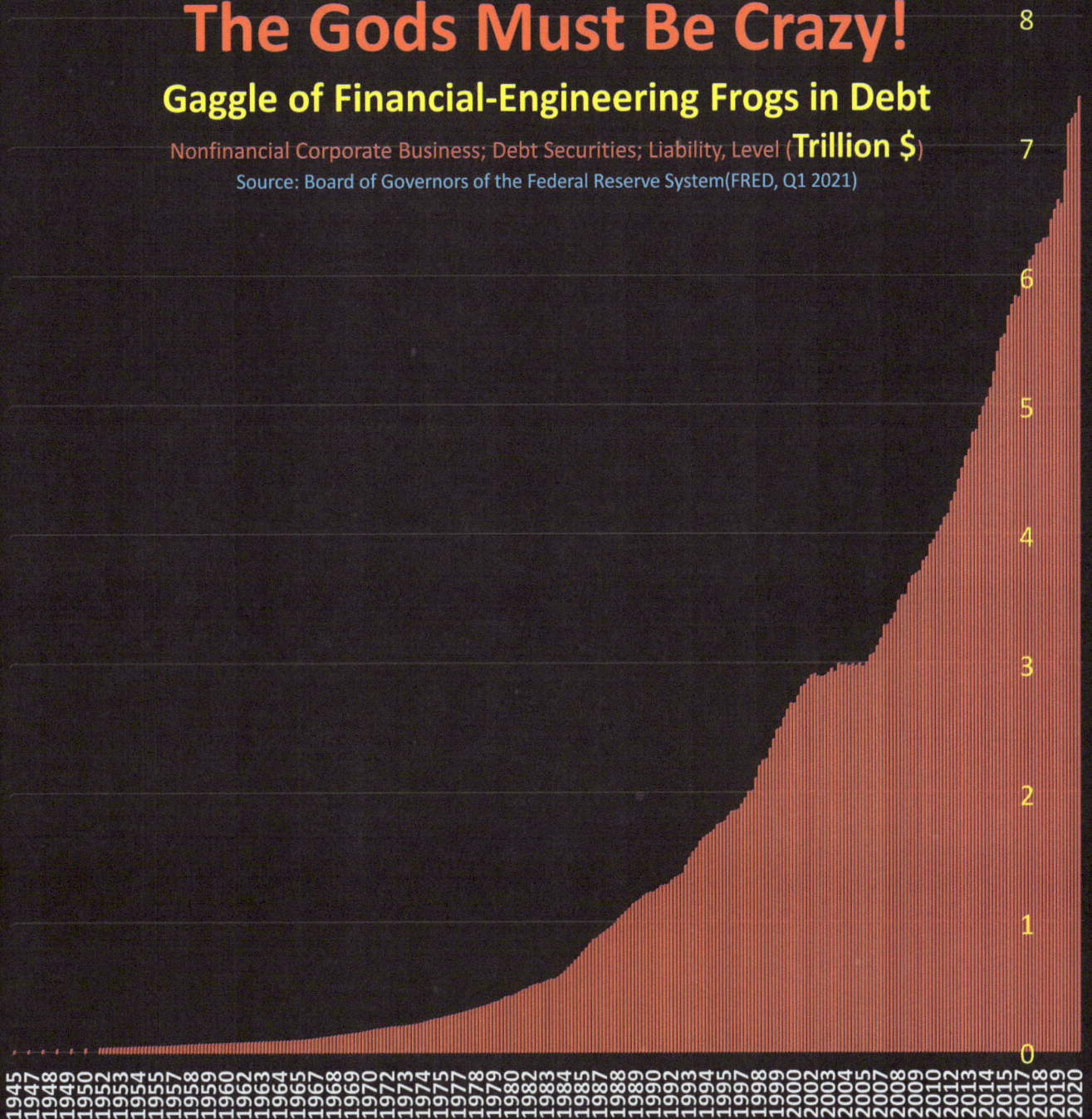

The Gods Must Be Crazy!
Gaggle of Financial-Engineering Frogs in Debt
Nonfinancial Corporate Business; Debt Securities; Liability, Level (**Trillion $**)
Source: Board of Governors of the Federal Reserve System(FRED, Q1 2021)

Lorsque la marée va descendre, beaucoup de ces entreprises vont remettre leur destin sordide aux mains des vautours de la propriété intellectuelle (PI), telle la Chine, comme l'illustre le tableau ci-dessous :

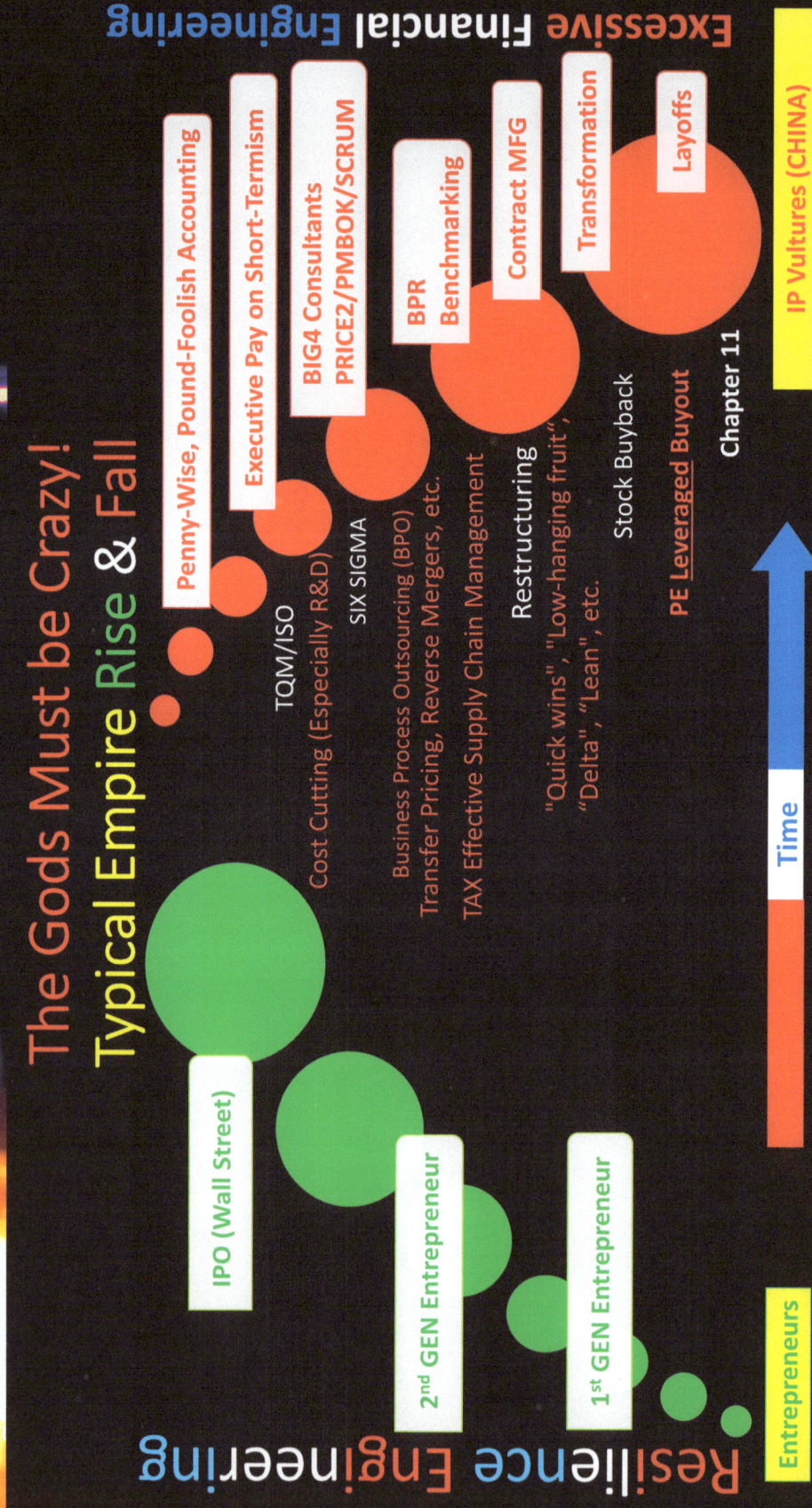

The Gods Must be Crazy!
Typical Empire Rise & Fall

Excessive Financial Engineering

Penny-Wise, Pound-Foolish Accounting
Executive Pay on Short-Termism
BIG4 Consultants PRICE2/PMBOK/SCRUM
BPR Benchmarking
Contract MFG
Transformation
Layoffs
IP Vultures (CHINA)

TQM/ISO
Cost Cutting (Especially R&D)
SIX SIGMA
Business Process Outsourcing (BPO)
Transfer Pricing, Reverse Mergers, etc.
TAX Effective Supply Chain Management
Restructuring
"Quick wins", "Low-hanging fruit", "Delta", "Lean", etc.
Stock Buyback
PE Leveraged Buyout
Chapter 11

Time

IPO (Wall Street)
2nd GEN Entrepreneur
1st GEN Entrepreneur
Entrepreneurs

Resilience Engineering

ont tombés sur la tête !

Et oui, nous sommes bien au milieu du nouvel ordre mondial

L'AUBE DE L'EMPIRE DU MILIEU

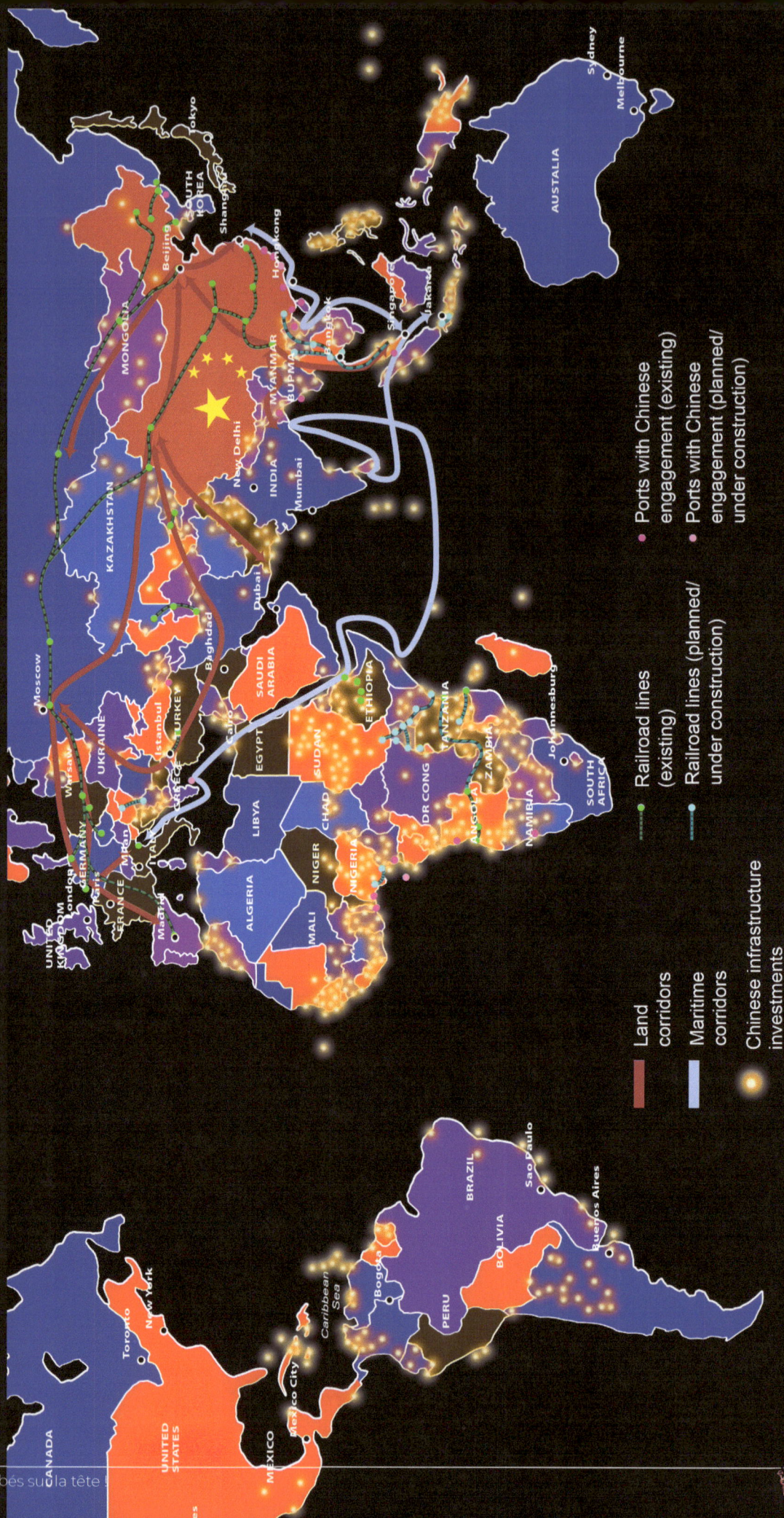

Land corridors

Maritime corridors

Chinese infrastructure investments

- Ports with Chinese engagement (existing)
- Ports with Chinese engagement (planned/ under construction)

- Railroad lines (existing)
- Railroad lines (planned/ under construction)

SOUTH KOREA
Tokyo
Shanghai
Beijing
Hong Kong
MONGOLIA
MYANMAR BURMA
Bangkok
Singapore
New Delhi
INDIA
Mumbai
KAZAKHSTAN
Dubai
Baghdad
Moscow
Istanbul
TURKEY
Iran
Cairo
SAUDI ARABIA
EGYPT
SUDAN
ETHIOPIA
TANZANIA
Johannesburg
ZAMBIA
DR CONG
NAMIBIA
ANGOLA
SOUTH AFRICA
LIBYA
CHAD
NIGER
NIGERIA
ALGERIA
MALI
Madrid
UKRAINE
Warsaw
GERMANY
Paris
FRANCE
London
UNITED KINGDOM
GREECE
ITALY

AUSTRALIA
Sydney
Melbourne

Toronto
New York
CANADA
UNITED STATES
MEXICO
Mexico City
Caribbean Sea
Bogota
PERU
BOLIVIA
BRAZIL
Sao Paulo
Buenos Aires
Johannesburg

Gods Must Be Crazy!

Conservative Estimate of Chinese Debt + Equity

Source: CHINA'S OVERSEAS LENDING, Sebastian Horn, Carmen Reinhart and Christoph Trebesch (KIEL WORKING PAPER NO. 2132)

Note: China's activities are secretive and captured only about 50% of total Chinese overseas loans. Includes debt claims from direct lending, trade advances, FDI debt instruments and portfolio holdings of foreign bonds and equity claims from foreign direct investment and portfolio holdings of foreign equity instruments.

In percent of recipient GDP

- 0 - 1%
- 1 - 5%
- 5 - 10%
- 10 - 20%
- >20%
- No Data

« L'Art de la Guerre est d'une importance fondamentale pour l'État, une question de vie ou de mort, la voie qui mène à la survie ou à l'anéantissement. Il est indispensable de l'étudier à fond ».

L'Art de la Guerre - Sun Tzu (476–221 Av. J.C.)

www.ERM.Mavericks.com

La Chine, l'Empire du Milieu, attend impatiemment que nous jouions mal nos atouts usés, afin qu'elle puisse envoyer ses chasseurs de primes pour récupérer la note des États-Unis et celle de plus d'une centaine d'autres pays[10]. Sous l'égide de leur gouvernement, les entreprises chinoises colonisent effectivement le monde, en influençant financièrement ces pays avec au moins 10 trillions de dollars en diplomatie du piège de la dette[11]. Les nouvelles générations de la Belt and Silk Road Initiative[12] (L'initiative de la Ceinture et la Route de la Soie), et d'autres mégaprojets d'infrastructure de haute technologie, sont des exemples remarquables du cheval de Troie chinois du XXIIème siècle. Certaines de ces diplomaties parasitaires et insoutenables du piège de la dette peuvent cacher des motifs hégémoniques et des défis à la souveraineté des États. Elles sont conçues pour soutenir les intérêts géostratégiques et la dimension militaire de la Chine.

« Par rapport au statut prééminent de la Chine dans le commerce mondial, son rôle dans la finance mondiale est mal compris.
Entre 1949 et 2017, le s exportations de capitaux chinois constituent une nouvelle base de données de 5 000 prêts et dons, à plus de 150 pays.
Nous constatons que 50% des prêts de la Chine aux pays en voie de développement ne sont pas déclarés au FMI ou à la Banque mondiale.
Ces « dettes cachées » faussent la surveillance des politiques, la tarification des risques et les analyses de viabilité de la dette.
Du fait que les prêts de la Chine à l'étranger sont presque entièrement officiels (contrôlés par l'État), les facteurs habituels de « push and pull » des flux transfrontaliers privés ne s'appliquent pas de la même faço.

Institut de Kiel pour l'Économie mondiale (2020)

Selon les estimations du rapport de KIEL, en 2017, l'ensemble des créances financières de la Chine au-delà de ses frontières représente plus de 8 % du PIB mondial. La Chine détient à elle seule, dans chacun des pays suivants, des obligations et des titres de trésorerie représentant au moins 7 % du PIB des États-Unis, 10 % du PIB de l'Allemagne et 7 % du PIB du Royaume-Uni. Dans les faits, la Chine occupe une place substantielle dans l'ensemble de la zone euro, s'élevant à 7% de son PIB (ce qui équivaut à 850 billions de dollars américains en obligations).

La Chine peut mobiliser au moins 5 trillions de dollars de créances sur le reste du monde, et, en 2017, la part des pays bénéficiaires de la "générosité" financière de la Chine a presque atteint 80 %. Cette augmentation spectaculaire est sans précédent dans l'histoire en temps de paix, et est comparable aux prêts américains qui ont été faits suite à la Première et la Seconde Guerres mondiales. Malheureusement, ces chiffres conservateurs de 2017 sont désormais obsolètes, surtout compte tenu de la situation économique mondiale, frappée par la pandémie de COVID-19. L'incidence de cette dernière sur l'accélération des prêts et des placements chinois ne peut se prédire. Nous ne pouvons qu'attendre et voir ce qui se passera.

Il fut un temps où les institutions américaines, comme le FMI et la Banque mondiale, étaient les grands prêteurs du monde. La méthode de prêt, pratiquée en toute transparence, avait un certain niveau de clarté, d'éthique et de professionnalisme qui lui était attaché. Cela primait lors des négociations avec les gouvernements corrompus et les milices des pays aux ressources maudites.

Par exemple, dans les années 1970, un boom des prêts syndiqués a entraîné une vague de crises financières au début des années 1980. À cette époque, les banques occidentales canalisaient une grande quantité de capitaux étrangers vers les pays pauvres, mais riches en ressources, en Afrique, en Asie et en Amérique latine. Il a fallu plus d'une décennie pour résoudre les dépressions économiques associées à la chaîne de défauts souverains. Bon nombre de ces mêmes pays, avec des dirigeants corrompus et sans beaucoup de transparence ni de surveillance, sont maintenant la proie des requins chinois. Près d'atteindre le statut pré-PPTE (Pays Pauvres Très Endettés), certains ont même fait défaut avant l'ère de la COVID-19.

Les pays les plus durement touchés par la COVID-19, à savoir l'Amérique latine et les territoires africains les plus pauvres, auront sans aucun doute de la difficulté ou perdront complètement la capacité de rembourser leurs prêts à la Chine. La dépression économique entraîne une dégradation accélérée des produits, et une réduction de la production de leurs richesses. Sans argent et sans ressources, l'avenir financier est sombre pour ceux sur lesquels la Chine a une emprise économique.

Il sera intéressant de voir quelle sera la stratégie néo-colonialiste chinoise post-COVID-19. La Chine va-t-elle récupérer ces financements de prêteur sur gages, signés par des dirigeants corrompus et payés en ressources qui se sont maintenant dépréciées ?

Gods Must Be Crazy!

Conservative Estimate of Chinese Direct Loans (2017)

Source: CHINA'S OVERSEAS LENDING, Sebastian Horn, Carmen Reinhart and Christoph Trebesch(KIEL WORKING PAPER NO. 2132)

Note: China's activities are secretive and captured only about 50% of total Chinese overseas loans. The debt estimates are based on loan-level data. They exclude Chineseportfolio debt holdings and short-term trade debt. GDP data is from the IMF World Economic Outlook.

In percent of recipient GDP

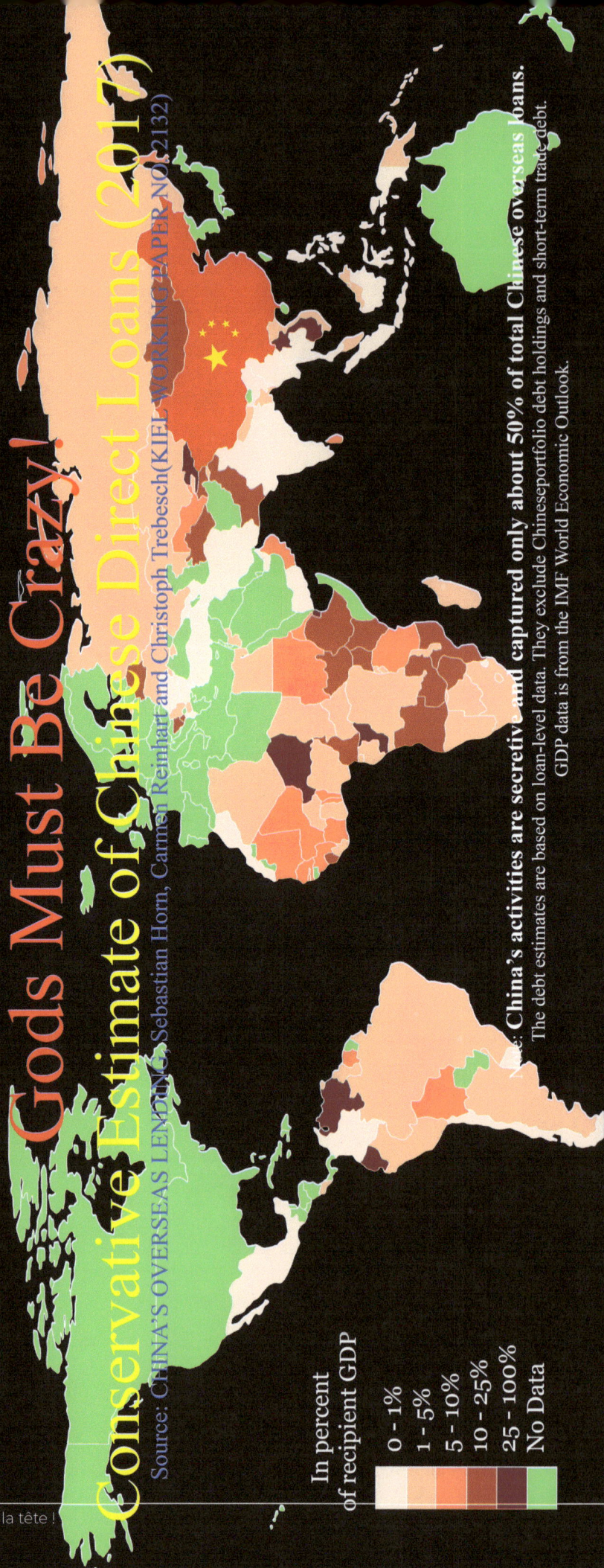

- 0 - 1%
- 1 - 5%
- 5 - 10%
- 10 - 25%
- 25 - 100%
- No Data

www.TigerRider.com

The Gods Must Be Crazy!
Characteristics of Chinese Loan

Source: CHINA'S OVERSEAS LENDING, Sebastian Horn, Carmen Reinhart and Christoph Trebesch(KIEL WORKING PAPER NO. 2132)

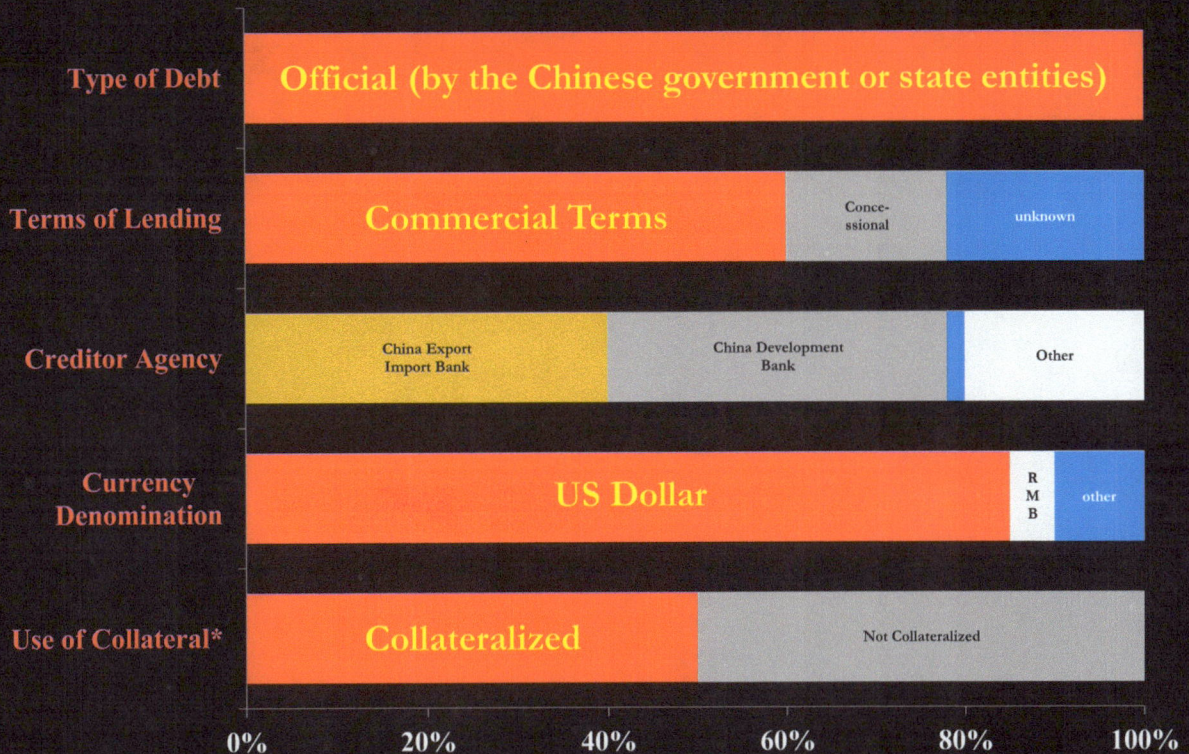

Type of Debt	Official (by the Chinese government or state entities)	
Terms of Lending	Commercial Terms	Conce-ssional / unknown
Creditor Agency	China Export Import Bank / China Development Bank	Other
Currency Denomination	US Dollar	RMB / other
Use of Collateral*	Collateralized	Not Collateralized

0%   20%   40%   60%   80%   100%

★ ★

Après la Seconde Guerre mondiale, au milieu des années 1900, les États-Unis ont donné l'équivalent de plus de 100 billions de dollars (le PIB des États-Unis à cette époque était de 258 billions de dollars), répartis également entre l'assistance économique et technique, pour aider les pays européens à se rétablir.

Le monde entier s'est épanoui grâce au plan Marshall[13], et la paix et l'harmonie règnent depuis 75 ans. Il est grand temps que nous dirigions la coalition pour établir de nouveaux Plans Marshall, afin de sauver les pays économiquement colonisés par la Chine.

> « Peu importe que le chat soit gris ou noir, pourvu qu'il attrape des souris ».
> Deng Xiaoping, Chef suprême de la Chine (1978 -1989)

La colonisation numérique

Depuis 75 ans, les entreprises technologiques américaines contrôlent une part importante de l'infrastructure numérique mondiale. Cependant, la Chine étend son initiative de « la Ceinture et la Route » (« Belt and Road » - BRI) à sa « Route de la Soie Digitale » (« Digital Silk Road » - DSR)[14].

La Chine a signé des accords spécifiques à sa DSR avec de nombreux pays, et ses projets d'infrastructure sont une subversion, permettant à Pékin de renforcer son influence dans le monde entier, sans beaucoup de concurrence. C'est une porte numérique dérobée, qui permet aux entreprises technologiques chinoises de torpiller les entreprises occidentales. Les fabricants chinois d'équipements de télécommunications, les entreprises d'infrastructure de stockage et de centres de données sont aux commandes. Le DSR fournira également des corridors économiques et numériques pour l'interprétation à l'exportation des capteurs et des plateformes de données de villes intelligentes, ce qui peut constituer une menace potentielle pour la sécurité nationale.

Gods Must Be Crazy !

China's Equity Investments(2017)

Source: CHINA'S OVERSEAS LENDING, Sebastian Horn, Carmen Reinhart and Christoph Trebesch (IEL WORKING PAPER NO. 2132)

Note: This figure shows the geographic allocation of Chinese equity investments, consisting of foreign direct investment and Chinese portfolio holdings of equity instruments issued by non-residents.

Sources: American Enterprise Institute and IMF's Coordinated Portfolio Investment Survey (CIPS).

In percent of recipient GDP

- 0 – 1%
- 1 – 3%
- 3 – 5%
- 5 – 10%
- >10%
- No Data

Il y a quatre aspects à la Route de la Soie Digitale (DSR) chinoise :

1. Les infrastructures numériques telles que les centres de données et les câbles à fibre optique, qui permettent des plateformes technologiques futuristes comme l'IoT (Internet des objets), la 5G et la 6G.

2. Les Institutions internationales qui fixent les normes, les règles et les règlements sur les technologies émergentes.

3. L'accent sur les technologies liées au commerce électronique, comme les systèmes de paiement électronique, les cryptomonnaies et les zones de libre-échange numériques.

4. La stratégie chinoise « Rendre l'Empire du Milieu de nouveau grand » dans le cadre de l'initiative « Made in China 2025 ». Pour atteindre cet objectif, la Chine a massivement investi dans le « Plan des Mille Talents[15]» (ramener des expatriés spécialistes de la haute technologie[16]).

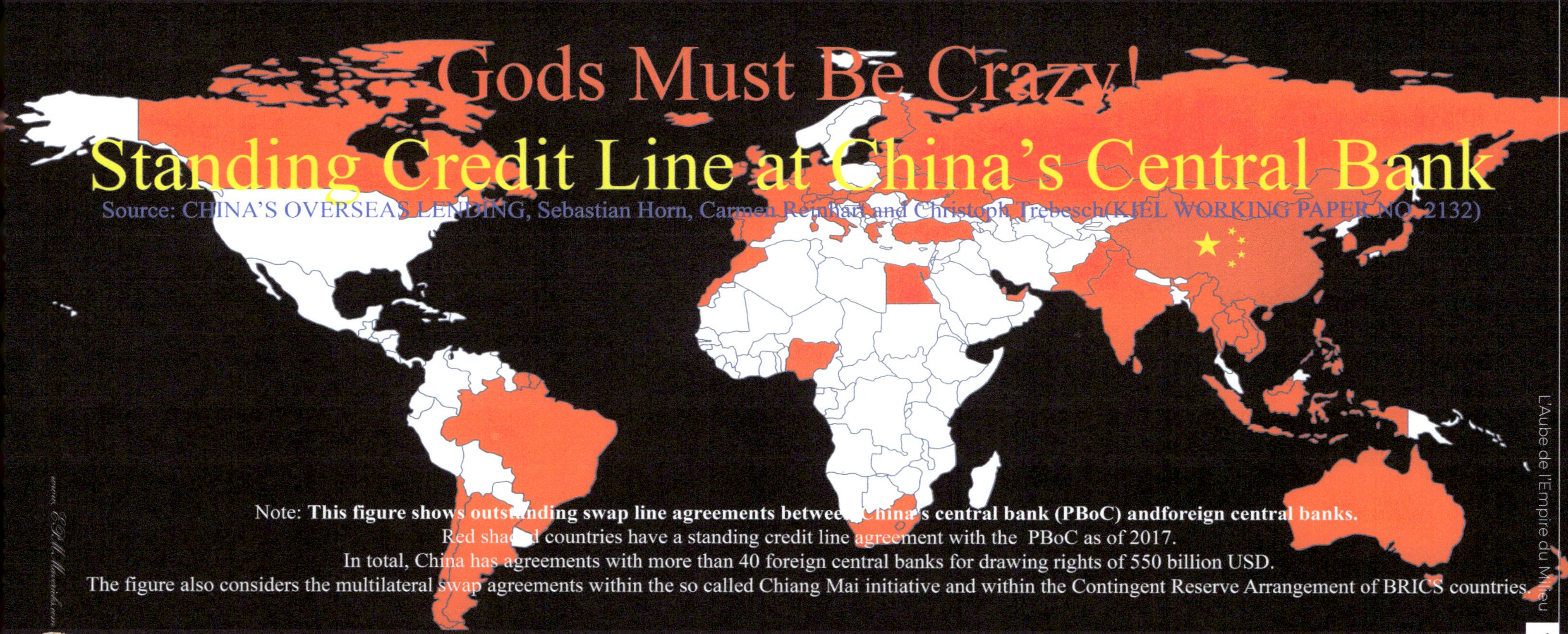

Gods Must Be Crazy!

Standing Credit Line at China's Central Bank

Source: CHINA'S OVERSEAS LENDING, Sebastian Horn, Carmen Reinhart, and Christoph Trebesch, KIEL WORKING PAPER NO. 2132)

Note: **This figure shows outstanding swap line agreements between China's central bank (PBoC) and foreign central banks.** Red shaded countries have a standing credit line agreement with the PBoC as of 2017.

In total, China has agreements with more than 40 foreign central banks for drawing rights of 550 billion USD.

The figure also considers the multilateral swap agreements within the so called Chiang Mai initiative and within the Contingent Reserve Arrangement of BRICS countries.

www.ERM.Mavericks.com

The Gods Must Be Crazy!
China's Investment Strategy

Source: CHINA'S OVERSEAS LENDING, Sebastian Horn, Carmen Reinhart and Christoph Trebesch(KIEL WORKING PAPER NO. 2132)

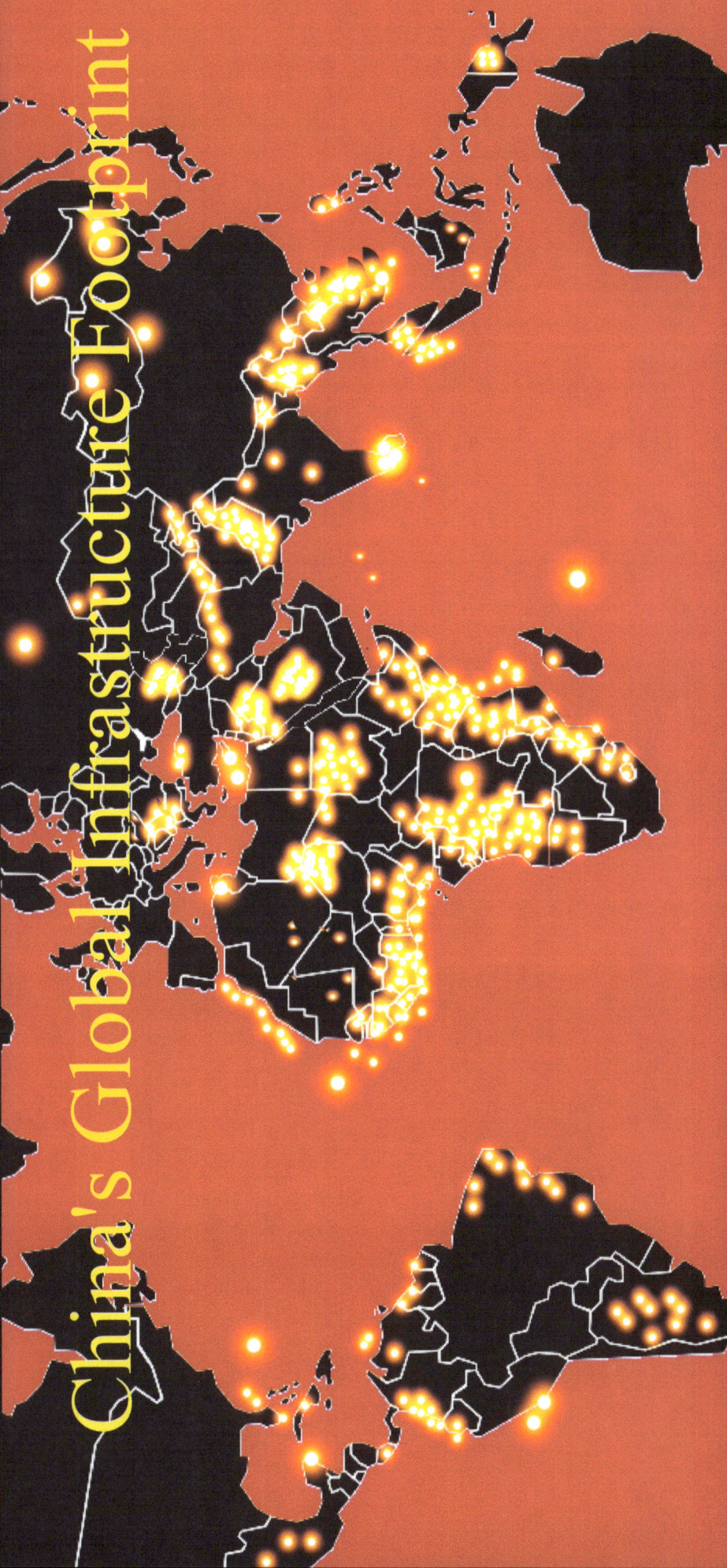

China's Global Infrastructure Footprint

Des entreprises financières quasi-chinoises financées par l'état, telles que Huawei et ZTE[17], construisent la plupart des infrastructures numériques africaines. Leurs câbles à fibre optique sont devenus l'épine dorsale de la connectivité numérique de l'Asie centrale. La DSR donnera au Parti communiste chinois (PCC) un effet de levier sous la forme de « kompromat[18] » (affaire de diffamation), pour manipuler des entreprises et des dirigeants internationaux essentiels, et ce, de par leur accès à des données sensibles, acquises grâce à leurs capacités de collecte et d'analyse d'informations majeures.

Cette structure accordera au PCC une énorme sphère d'influence politique. Les chinois établiront ainsi des règles et des normes pour l'exécution de leurs idéologies politiques et autoritaires, sans égard pour l'hôte, sa population et sa souveraineté. Les technologies chinoises qui portent atteinte à la vie privée, comme la technologie de reconnaissance faciale et le cyber-espionnage, sont déjà largement utilisées dans de nombreux pays du monde pour la surveillance des citoyens[19].

Au-delà de l'E-commerce chinois, le DSR permet la télémédecine, la finance internet et les villes intelligentes. L'aspect le plus alarmant est que le DSR, contrôlé par l'État, peut manipuler et récolter les données de ses citoyens colonisés par l'informatique quantique, l'intelligence artificielle et d'autres technologies de pointe[20]. Ces informations peuvent ensuite être utilisées au bénéfice de la Chine, et non pour le peuple.

« Ne comprenez-vous pas ? Le Viet Cong dit « allez-vous-en ». C'est « fini » pour tous les Blancs en Indochine.
Que vous soyez français ou américain, c'est pareil.
« Partez ». Ils veulent vous oublier. Regardez, capitaine, voilà la vérité. Un œuf
(Il le craque et le vide) Le blanc part, mais le jaune reste ! » « Apocalypse Now » -
Colonialiste français Le blanc part mais le jaune reste ! »

——— French colonist, ———
"Apocalypse Now" (1979 Francis Ford Coppola film)

La Compétitivité

La nouvelle route de la soie avait pour objectif principal d'élargir la sphère d'influence et les investissements chinois en Asie, grâce à des avancées en matière d'infrastructure comme « One Belt, One Road » « Une Ceinture, Une Route » - (OBOR) et des institutions comme la « Banque Asiatique d'Investissement pour les Infrastructures » (BAII). La BAII, contrôlée par la Chine, a la cote de crédit la plus élevée des trois principales agences de notation au monde[21]. En 2015, l'investissement initial de cette institution établie à Pékin équivalait au moins aux deux tiers du capital de la Banque Asiatique de Développement.

L'investissement initial de la BAII est également environ la moitié de celui de la Banque mondiale. La BAII constitue une menace directe pour les fondations de la Banque mondiale et du FMI, posées par les Américains.

En 1960, l'économie américaine représentait environ 40 % du PIB mondial. Aujourd'hui, selon les estimations du FMI pour 2020, ce chiffre, à « Parité de Pouvoir d'Achat » (PPA), n'est même plus de 15 %. Entre-temps, le PIB de la Chine, à Parité du Pouvoir d'Achat (PPA), est de 20 % et continue d'augmenter[22]. Au cours des trente dernières années, le PIB de la Chine a été multiplié par à peu près quinze. En revanche, le PIB américain n'a fait que doubler. Pendant ce temps, les dettes non financières américaines augmentent en flèche. Ce chiffre est actuellement de 80 trillions de dollars, tandis que le bilan fédéral américain a maintenant 7 trillions de dollars de dette insoutenable.

« *La perte de revenu subie par le secteur privé — et toute dette contractée pour combler l'écart —doit être absorbée, en tout ou partie, dans les bilans du gouvernement. Des niveaux de dette publique beaucoup plus élevés deviendront une caractéristique permanente de nos économies et s'accompagneront d'une annulation de la dette privée.* »

Mario Draghi, Ancien Président de la Banque Centrale Européenne

The Gods Must be Crazy!
The Crocodile from the Yangtze
IMF 2018 GDP in PPP (Trillion $)

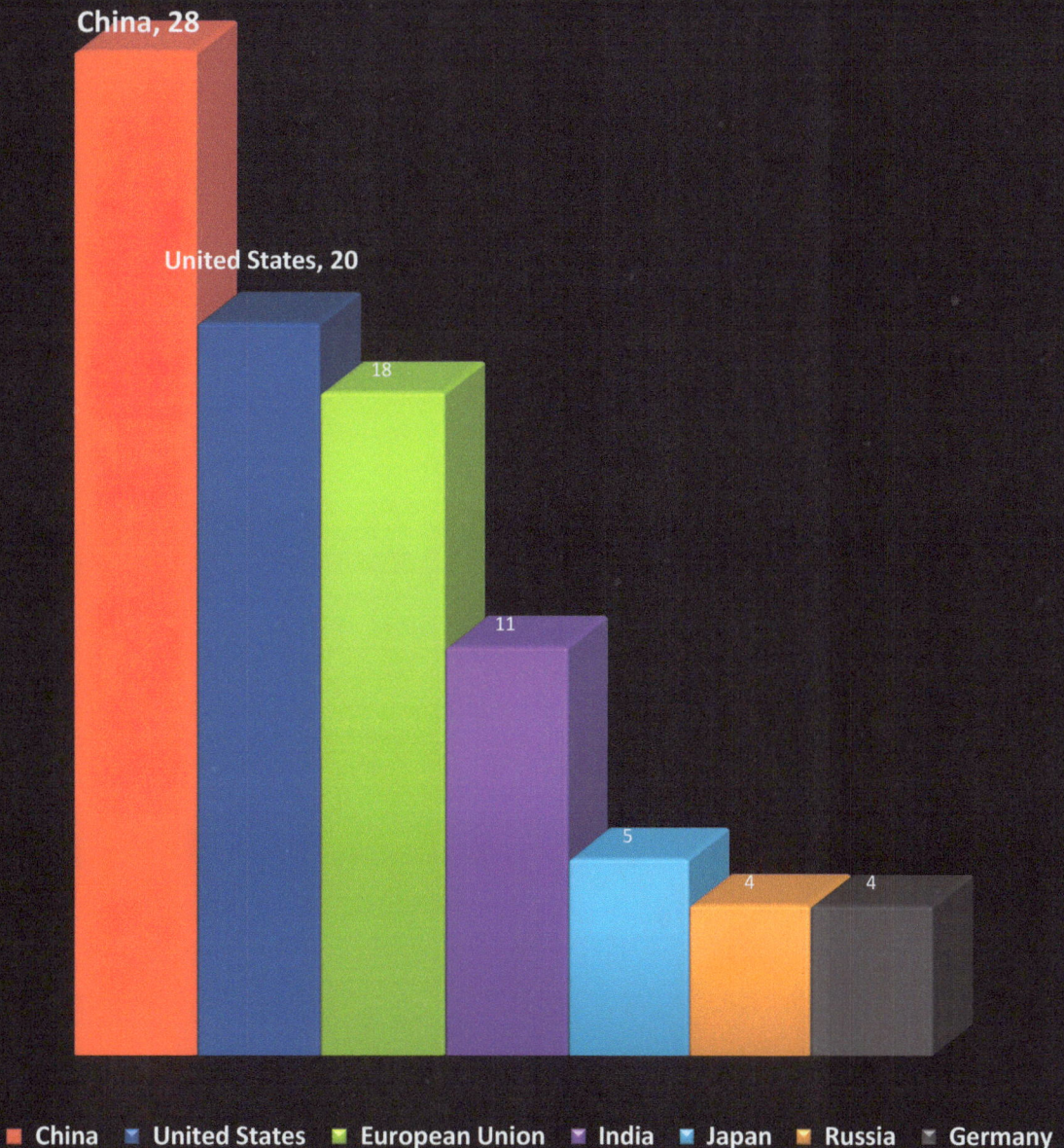

China, 28
United States, 20
18
11
5
4
4

■ China ■ United States ■ European Union ■ India ■ Japan ■ Russia ■ Germany

www.EPMMaterials.com

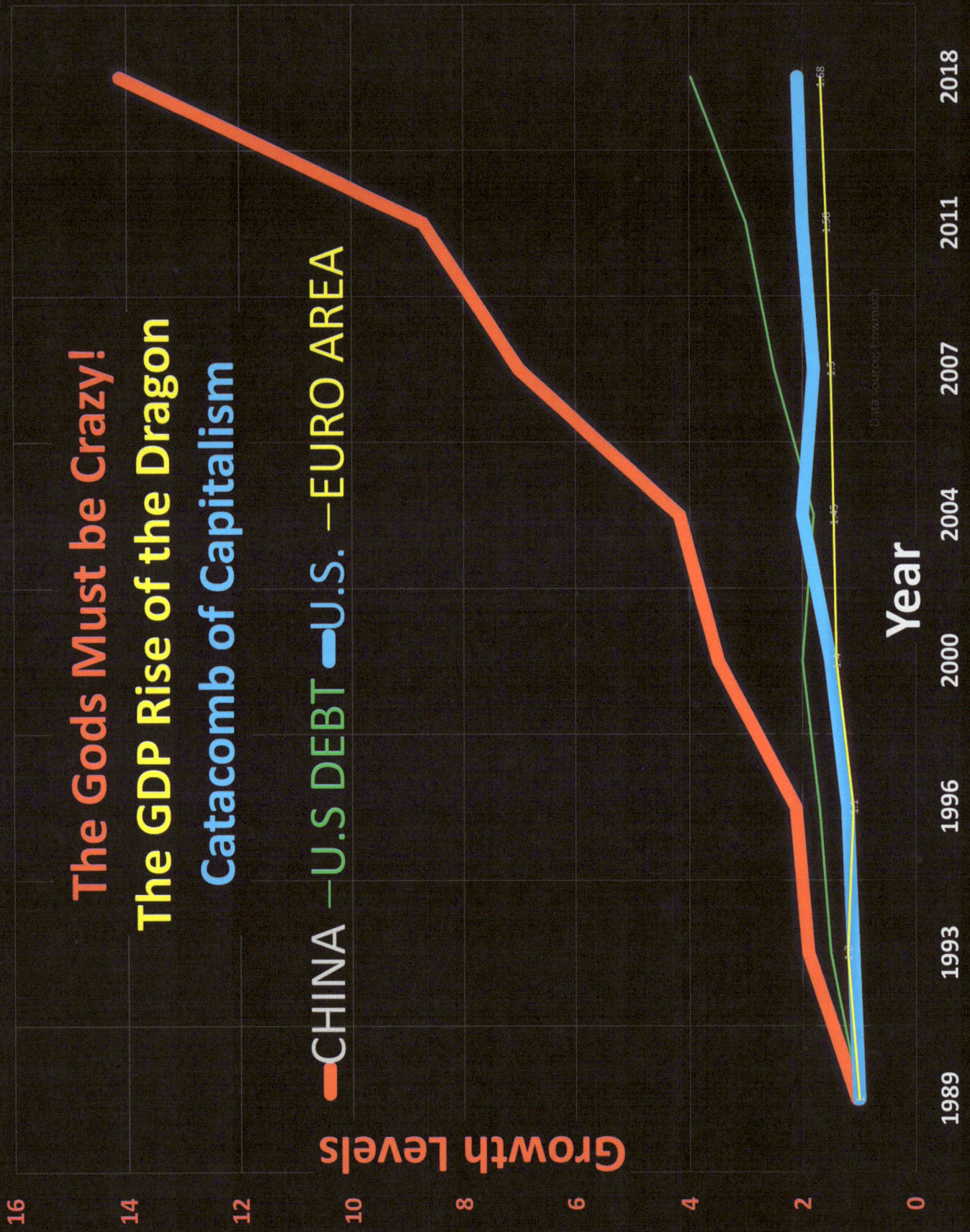

The Gods Must be Crazy!
The GDP Rise of the Dragon
Catacomb of Capitalism

CHINA — U.S DEBT — U.S. — EURO AREA

Growth Levels

Year

1989 1993 1996 2000 2004 2007 2011 2018

16 14 12 10 8 6 4 2 0

Il y a déjà beaucoup de frustration associée à l'exécution pathétique des mesures de confinement de la COVID-19. Pour ajouter l'insulte aux blessures, l'une des conséquences financières du coronavirus est l'accélération du transfert de la richesse vers le haut de la pyramide. Cet effondrement de la solvabilité financière mondiale peut entraîner des émeutes et des anarchies inimaginables (dont j'ai été témoin devant ma maison à Chicago). Il peut déclencher des guerres civiles à l'échelle mondiale. Ces événements internationaux pourraient devenir beaucoup plus radicaux que ceux que nous avons vécus en 2020, et, au bout du compte, avoir un impact profond sur les fondations des entreprises du monde entier. Dans le même temps, les entreprises chinoises sont en train de dépasser les anciennes gardes occidentales.

La sécurité nationale

En 2017, nous gaspillions de l'argent en équipement militaire préhistorique et en personnel coûteux, tandis que l'armée chinoise ne dépensait que 87 % du budget de la défense américaine[23]. Ils ont dépensé judicieusement et stratégiquement pour nous expulser le plus tôt possible, en commençant par leur arrière-cour dans la région Asie-Pacifique. La Chine compte plus de deux millions de militaires actifs (contre 1 million aux États-Unis), huit millions de réservistes (contre 800 000 aux États-Unis) et plus de 385 millions de militaires supplémentaires (contre 73 millions aux États-Unis). Alors que les Chinois ont étudié intelligemment tous les aspects des États-Unis, les citoyens américains sont, la plupart du temps, ignorants du monde en dehors des frontières de leur nation, au-delà des aéroports et des pièges touristiques de fantaisie. La population des États-Unis est vulnérable au piégeage dans sa tour d'ivoire fermée et ses zones vertes avec un « formidable, gros et grand beau mur[24,25] ».

Le système de soins de santé américain est mal conçu, socialement irresponsable, cloisonné, malsain, et le premier gaspilleur de soins de santé (environ 5 trillions de dollars par an). Le secteur est dirigé par un gang de « cartels médicaux[26] ». Les bandits du secteur pharmaceutique et de la santé ont dépensé cinq billions de dollars en lobbying depuis 1998. Comme l'a révélé la COVID-19, même en vertu de la Loi présidentielle sur la production de défense, nous sommes otages de la Chine pour nos propres masques 3M et notre équipement de protection individuelle (EPI) de base.

« Aux États-Unis, 90 % des ordonnances sont remplies de médicaments génériques, et une pilule consommée sur trois est produite par un fabricant indien de médicaments génériques. L'Inde obtient environ 68 % de ses Ingrédients Pharmaceutiques Actifs (IPA) de la Chine.

Étude de KPMG et de la Confédération de
l'industrie indienne (CII) vril 2020

New Confirmed COVID-19 Cases per Day, normalized by population

The Gods Must be Crazy!

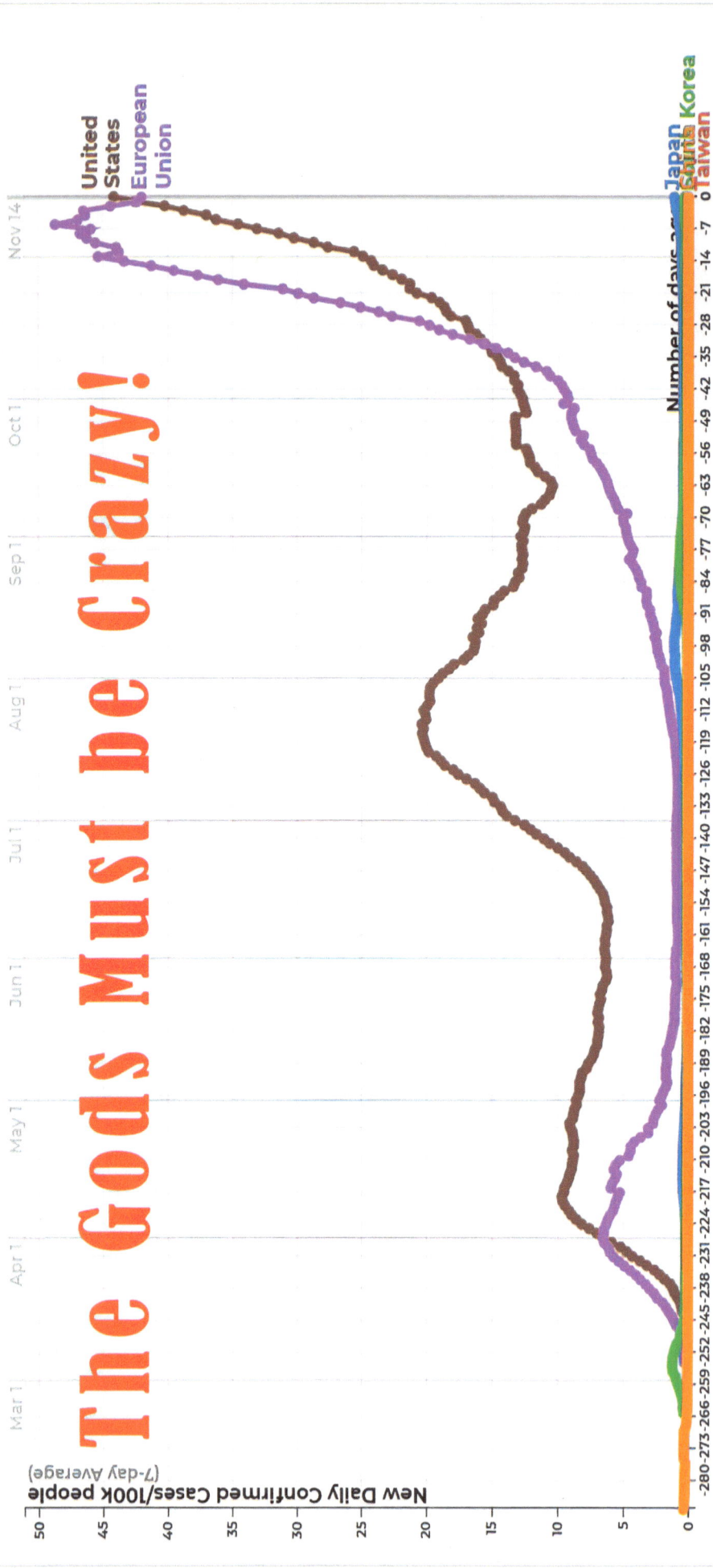

New Daily Confirmed Cases/100K people (7-day Average)

United States
European Union
Japan
South Korea
Taiwan

Data: Johns Hopkins University CSSE; Updated: 11/15/2020
Interactive Visualization: https://91-Divoc.com/ by @profwade,

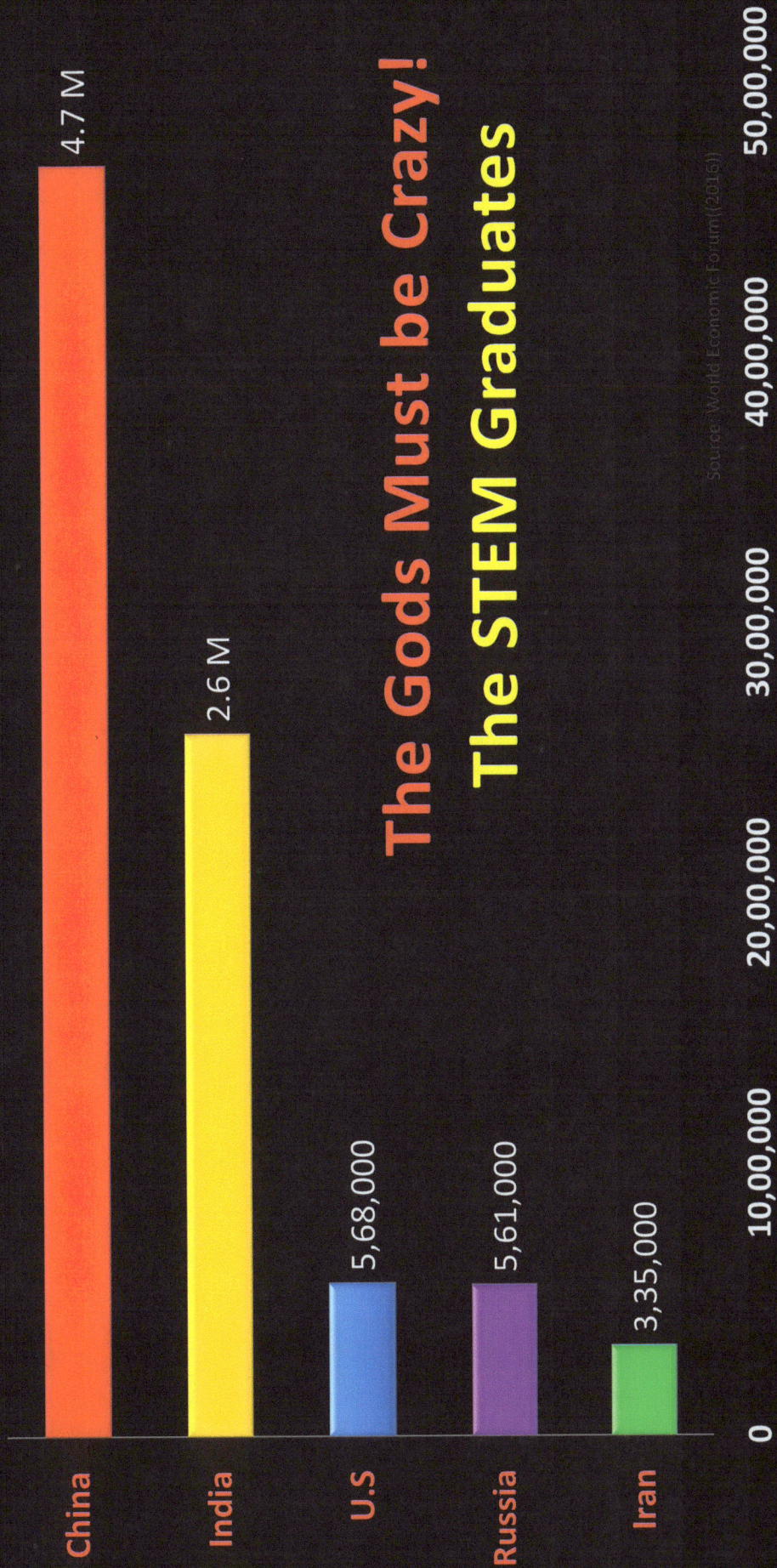

The Gods Must be Crazy!
The STEM Graduates

China — 4.7 M
India — 2.6 M
U.S — 5,68,000
Russia — 5,61,000
Iran — 3,35,000

0 | 10,00,000 | 20,00,000 | 30,00,000 | 40,00,000 | 50,00,000

Source World Economic Forum (2016)

Des connaissances de pointe

Selon l'OCDE, plus que tout autre pays, les États-Unis mettent leur budget financier sur les collèges. Cette décadence, telle que « la manie de l'athlétisme » sans aucun retour sur investissement, est souvent attribuée à la valeur éducative[27]. Malheureusement, les diplômés américains sont inférieurs en nombre d'ingénieurs par an en comparaison de la Chine ou même de l'Inde. La Chine a passé 35 ans à construire un système de brevets.

Selon l'« Organisation Mondiale de la Propriété Intellectuelle » des Nations Unies (OMPI), les Chinois représentaient près de la moitié des dépôts de brevets mondiaux en 2018, enregistrant 1,54 million de demandes (contre moins de 600 000 pour les États-Unis), avec, en premier lieu, la technologie des télécommunications et de l'informatique.

De 2017 à 2018, les États-Unis ont envoyé plus de 11 000 étudiants en Chine[28] pour des études bas de gamme. En retour, les étudiants chinois représentaient plus de 30% de tous les étudiants internationaux qui étudient aux États-Unis (363 000 étudiants), pour des maîtrises de haute technologie, des doctorats, et plus dans nos prestigieuses institutions. La Chine était, elle, en train de construire une nouvelle université chaque semaine, et, en 2013, 40% des étudiants ont obtenu leur diplôme en STIM, soit deux fois plus qu'aux États-Unis. Selon ces estimations, le nombre de diplômés chinois en STIM augmentera d'environ 300 % d'ici 2030.

Les connaissances de pointe ont toujours été le moteur de la croissance et le facteur du déclin des empires et de leurs entreprises. Le savoir est le fondement de la communauté et il alimente la plupart des domaines.

Selon le rapport PISA 2015, les États-Unis se classent constamment dans le 15ème centile inférieur du monde développé[29]. L'éducation secondaire entraîne un manque d'opportunités et une société inéquitable. Ce traitement injuste peut entraîner des troubles civils et causer de graves dommages à l'économie et aux entreprises.

En conséquence, un adulte américain sur trois a été arrêté à l'âge de 23 ans. Alors que les États-Unis représentent environ 4,4% de la population mondiale, un prisonnier sur cinq dans le monde est incarcéré aux États-Unis.

« Les hommes noirs sont six fois plus susceptibles d'être emprisonnés que les hommes blancs[30]» . Ces statistiques malheureuses sont la cause de manifestations et d'émeutes qui se produisent régulièrement.

« Si nous voulons atteindre la paix réelle dans ce monde, nous devons commencer à éduquer les enfants. ».

— Mahatma Gandhi —

Le Système capitalistique

Un poisson pourrit de la tête à la queue. La décision rendue le 21 janvier 2010 par la Cour suprême dans l'affaire Citizens United a été le dernier clou dans le cercueil du modèle capitaliste de Roosevelt. Le verdict a ouvert la porte à des contributions électorales illimitées de la part des entreprises. La plupart de ces contributions ont été canalisées par des groupes secrets connus sous le nom de super Comités d'Action Politique (CAP)[31]

Les manigances perpétrées dans notre marécage (DC) et à Wall Street permettent des allégements fiscaux, des renflouements et des primes aux dirigeants d'entreprises qui étouffent les poules aux œufs d'or (leurs entreprises) par le biais de rachats d'actions et d'ingénierie financière extrême. De 2009 à 2019, American Airlines a versé 13 billions de dollars en rachats d'actions, tandis que son flux de trésorerie disponible pour la même période était négatif. Les six principaux transporteurs aériens ont investi 47 des 49 billions de dollars générés par les rachats d'actions au cours de la même période[32]. Aujourd'hui, les contribuables sans méfiance continuent de renflouer ces individus, et le jeu de l'ingénierie financière va bientôt en tirer profit, transformant la catastrophe en un bonus.

« Les capitalistes nous vendront la corde avec laquelle nous les pendrons »

Vladimir Ilich Lénine

Pendant ce temps, le gouvernement chinois investit des trillions de dollars dans la R&D, les nouvelles usines, l'éducation de la main-d'œuvre, et les finance pour récupérer les anges déchus de l'Occident (nos entreprises en difficultés financières). En ces temps troublés, même les fonds-vautours publics saoudiens sont en feu - vendant des visites pour faire du shopping et engloutissant des millions de dollars pour des parts dans les plus belles sociétés américaines. Cette liste de chasse à la baleine comprend notre deuxième plus grand entrepreneur de la défense, Boeing, qui, en une décennie, a dépensé 43 billions de dollars sur ses 58 de liquidités pour le rachat d'actions[33]. Nos sages dirigeants vendent notre pays pour une poignée de dollars. C'est une question de sécurité nationale. Ils ferment volontairement les yeux et distraient l'électorat ignorant en lui jetant de la viande rouge pourrie.

« Les rachats sont le principal exemple de l'incompétence croissante des PDG et des conseils d'administration. »
« Aujourd'hui, dans les rues, les gens sont décimés.
À l'heure actuelle, les riches PDG ne le sont pas, pas plus que les conseils d'administration qui ont une gouvernance horrible. Mais les gens le sont. »
« Ce que nous avons fait, c'est de soutenir de façon disproportionnée des PDG et des conseils d'administration qui ont un rendement médiocre, et maintenant nous devons les éliminer. »
« Juste pour être clair à propos de qui nous parlons...
Nous parlons d'un hedge fund, qui sert de nombreux family offices milliardaires.
Qui s'en soucie ? Ils ne passent pas l'été dans les Hamptons ? »
« Il serait préférable pour la Fed d'avoir donné un demi-million à chaque homme, femme et enfant aux États-Unis. »

Chamath Palihapitiya
(Investisseur milliardaire et ancien Vice-président de la croissance
des utilisateurs de Facebook)

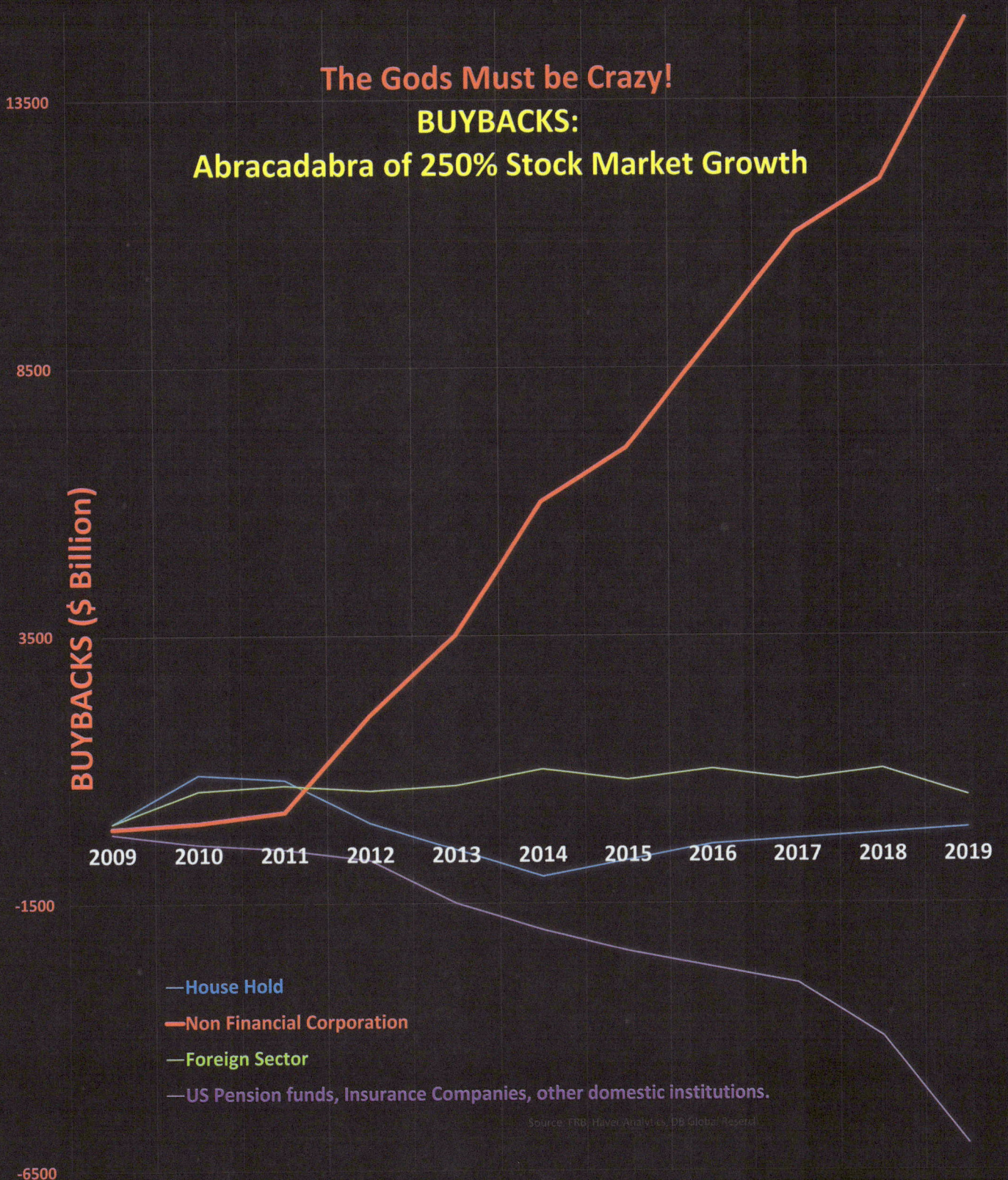

The Gods Must be Crazy!
BUYBACKS:
Abracadabra of 250% Stock Market Growth

BUYBACKS ($ Billion)

13500

8500

3500

-1500

-6500

2009 2010 2011 2012 2013 2014 2015 2016 2017 2018 2019

—House Hold
—Non Financial Corporation
—Foreign Sector
—US Pension funds, Insurance Companies, other domestic institutions.

Source: FRB, Haver Analytics, DB Global Reserch

www.EBM.Mavericks.com

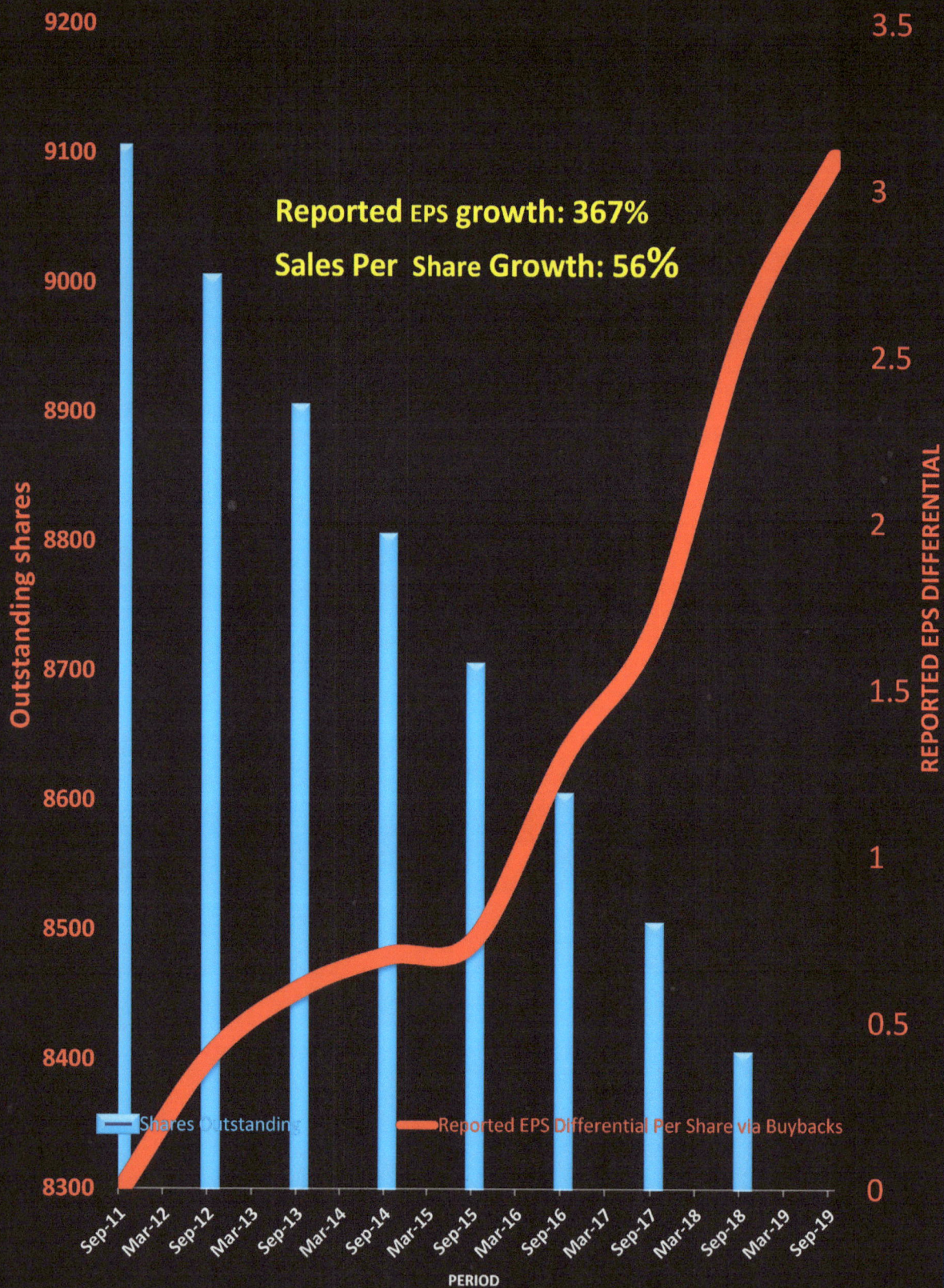

The Gods Must be Crazy!
BUYBACKS: The Accounting Gimmick!
Catacomb of Capitalism?

Reported EPS growth: 367%
Sales Per Share Growth: 56%

Outstanding shares

REPORTED EPS DIFFERENTIAL

Shares Outstanding

Reported EPS Differential Per Share via Buybacks

PERIOD

Source Data: Real Investm

L'ingénierie financière de nos élites et de nos banques centrales, surtout depuis l'effondrement économique de 2008, a créé la majeure partie de l'écart de richesse actuel. La part du lion revient au père de l'exubérance irrationnelle, Alan Greenspan, ancien président de la Réserve Fédérale des États-Unis de 1987 à 2006. La politique monétaire axée sur les taux d'intérêt, l'héliportage de la monnaie via l'assouplissement quantitatif (QE) et l'achat d'actifs financiers en sont des exemples de choix. L'argent emprunté était gratuit/bon marché et utilisé pour les rachats, les fusions-acquisitions et divers exploits d'ingénierie financière. Durant la dernière décennie, ce contexte s'est traduit par une croissance du marché boursier de plus de 250 %.

Malheureusement, seuls quelques privilégiés ont eu accès à l'argent gratuit/bon marché figurant dans la partie rouge du graphique. Malgré le ruissellement, la grande majorité (voir la minuscule partie jaune du graphique) a dévalué sa part de gâteau. Quelques élites ont effectivement privatisé les bénéfices et socialisé les obligations fiscales et d'intérêt pour les années à venir. Lorsque la Chine enverra ses agents de recouvrement, ce sera à la majorité des contribuables coincés dans l'enfer de la forclusion, et non aux élites avisées dans leurs paradis fiscaux[34].

Les États-Unis sont la seule économie développée où le revenu moyen des 50 % les plus pauvres de ses citoyens a diminué au cours des trois dernières décennies. Cette mer blanche de désespoir et de réaction de la classe ouvrière est ce dont le président Trump a profité lors des élections de 2016. En plus de verser un sang précieux, l'Amérique a brûlé plus de 5 trillions de dollars en luttant contre des guerres religieuses tribales dans les déserts du Moyen-Orient, ce qui a rendu un petit nombre extrêmement riche. Chaque citoyen parmi les 50 % les plus pauvres aurait pu recevoir un chèque de 30 000 $ si ces guerres avaient été évitées. En revanche, les 50 % les plus pauvres en Chine ont connu les trois plus grandes décennies en 3 000 ans. Près de 800 millions de Chinois ont été libérés de la pauvreté. Au contraire, pendant ce temps-là, des millions de familles américaines de la classe moyenne ont été forcées de se retrouver au bas de la pyramide et de dépendre des bons alimentaires et d'autres aides gouvernementales.

Roosevelt construisit une société méritocratique qui devint un zamindar[35] parvenu, un système dont les tentacules s'étendaient profondément. Alors que la Chine est dirigée par les meilleurs ingénieurs et se dirige vers le système méritocratique, nos dirigeants profitent de l'insatisfaction de notre société et remportent des élections en jetant des os sortis de la poubelle. Le système chinois ne peut pas changer le Parti communiste, mais le Parti peut changer stratégiquement les politiques pour que le pays profite des meilleurs intérêts à long terme. Aux États-Unis, nous pouvons changer de parti à chaque cycle électoral de quatre ans ou de mi-mandat.

Pourtant, malheureusement, nous restons coincés avec les politiques « Hara-kiri » obsolètes de quelques lobbies d'intérêt particulier. Pendant les soixante-quinze dernières années, le système capitaliste moral et éthique, fondé sur des règles que les Roosevelt avaient développées, a construit un réservoir de bonne volonté dans le pays et à l'étranger. Malheureusement, à l'heure actuelle, avec leurs politiques draconiennes à court terme, les États-Unis s'appauvrissent et appauvrissent les pays étrangers. La forme radicale orthodoxe du capitalisme, pratiquée aujourd'hui par des ingénieurs financiers fous, conduit à des pièges à dettes, qui contribuent à la colonisation économique, au populisme, à l'impérialisme, au fascisme, aux soulèvements, aux émeutes, aux révolutions, aux guerres, aux conflits et à l'anarchisme. Comme nous l'avons vu lors des élections primaires américaines, des candidats à la présidence, comme Bernie Sanders, Elizabeth Warren et d'autres, ont prêché sans succès le socialisme (redistribuer la richesse tout en préservant la démocratie).

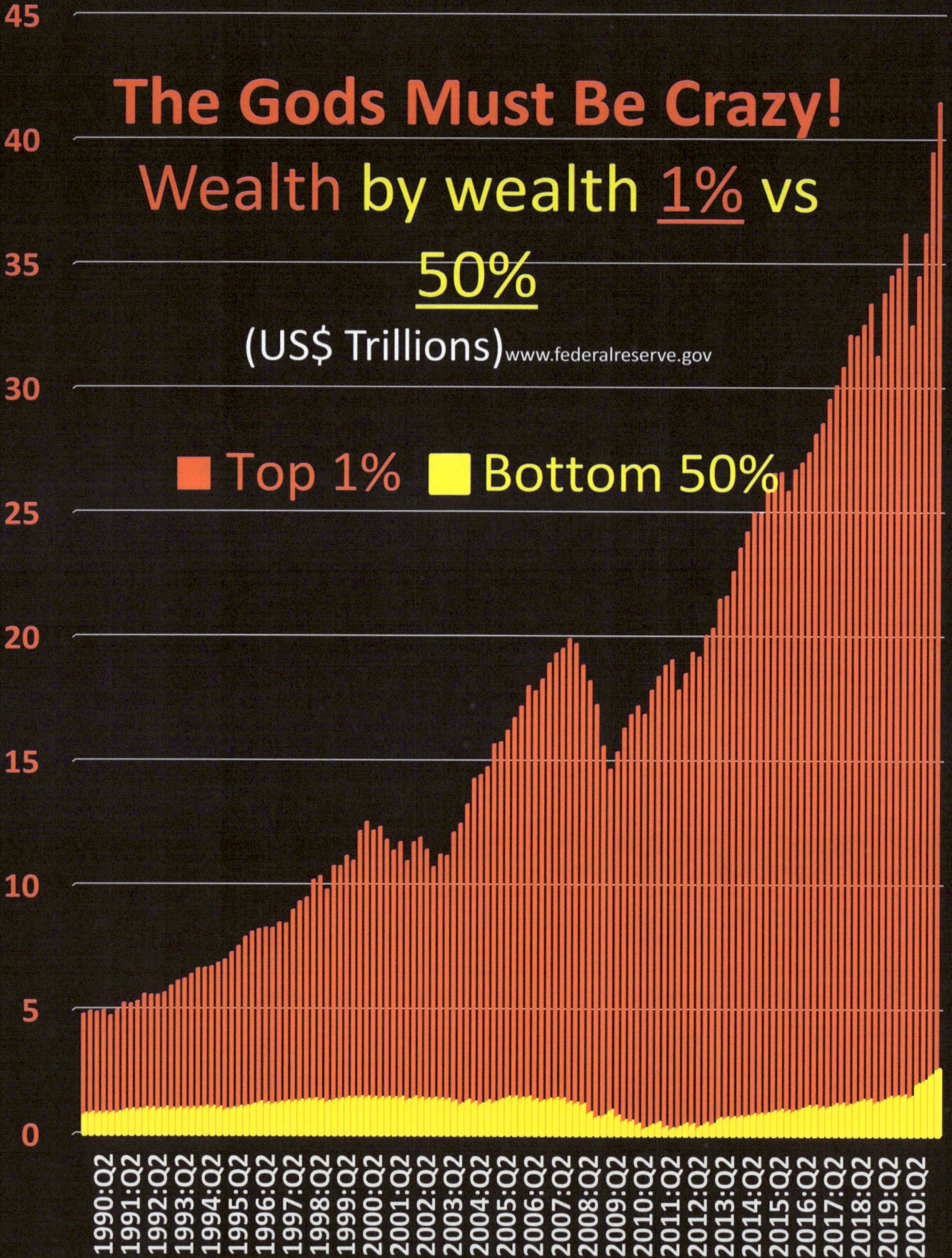

The Gods Must Be Crazy!
Wealth by wealth 1% vs 50%
(US$ Trillions) www.federalreserve.gov

■ Top 1%   ■ Bottom 50%

Hélas, certains idéologues d'extrême gauche recourront au communisme (partageant presque également la plupart des richesses), comme en témoignent le Venezuela, le Zimbabwe et la Corée du Nord. Ce qui est le plus inquiétant, c'est que beaucoup de gens de droite formeront des milices fascistes (capitalisme autocratique contrôlé par l'État), comme ce fut le cas dans les années 1920 et 1930, avec le Troisième Reich (Allemagne nazie), l'Italie fasciste et le Japon impérial.

Les versions « cygne noir » d'événements extrêmes comme la COVID-19, qui surviennent pendant (et exacerbent) les périodes de vulnérabilité, servent à enflammer de façon exponentielle la spirale descendante autodestructrice. Depuis le krach économique de 2008, qui a entraîné une dislocation massive de la richesse, une seconde guerre civile se prépare. L'éclosion de la COVID-19, les rassemblements de Black Lives Matter et les émeutes qui ont suivi sont en train d'attiser les braises d'un feu qui brûle lentement. S'il n'est pas correctement géré, l'incendie se propagera à l'échelle mondiale, comme le feu de forêt du Printemps arabe, et déclenchera l'embrasement de l'apocalypse.

L'ingénierie financière extrême

Si l'on en croit les quelques Gordon Gekkos[36] de l'Élysée[37], la grande majorité des gens souffrent financièrement. C'est l'aboutissement de l'illusion qu'on appelle la mondialisation et le capitalisme de Roosevelt. **Beaucoup de reproches peuvent être faits à de nombreuses personnes, et tout d'abord à moi.**

« L'heure du plus grand triomphe du capitalisme est son heure de crise[38] », et une crise est une chose qui ne doit pas être gaspillée. Les États-Unis sont devenus une superpuissance capitaliste parce que Roosevelt a transformé les guerres mondiales I et II, la grippe espagnole, la Grande Dépression et d'autres crises en opportunités, en battant l'Empire britannique qui a perdu son pouvoir de séduction. La Chine se trouve désormais dans une situation de miroir. Le 11 septembre 2001, et en particulier le tsunami économique de 2008, nous ont offert de formidables occasions de tirer profit de nos forces militaires, de notre monnaie de réserve, de notre bonne volonté politique et d'une myriade d'autres ressources. Mais nos lobbyistes, dans le bourbier qu'est Washington DC, ont détourné l'occasion, l'utilisant pour soutenir leurs manigances à Wall Street (qui a donné le coup d'envoi en premier lieu au lieu d'investir dans notre infrastructure essentielle qui s'effrite.

Malheureusement, plutôt que de profiter des fantastiques opportunités mondiales, les cabinets de conseil des BIG4, les cabinets comptables, etc... ont pris une route trouble. Ces opportunités ont été définies comme des passifs ; l'avenir et les opportunités sont devenus des centres de coûts plutôt que des centres de profit. Ils connaissaient bien la pratique de l'ingénierie financière orthodoxe extrême. Ils ont continué, pour quelques dollars, à fouetter le cheval capitaliste détérioré, délocalisant tout le futur capitalisme à l'est. Ces dispositifs, incluent le benchmarking aveugle, les transformations (informatique, finance, chaîne d'approvisionnement, etc.), la gestion fiscalement efficace de la chaîne d'approvisionnement (TESCM), l'externalisation des processus d'affaires, la fabrication en sous-traitance, la délocalisation de la R&D, la restructuration, et plus encore. Ils ont causé un tort irréparable à la résilience de l'entreprise. Le résultat final est que le cheval de l'entreprise est mort. Des fonds vautours parasites, des pirates d'entreprises et des sociétés de capital-investissement ont profité de l'occasion pour s'emparer des quelques entreprises restantes qui avaient d'excellents résultats, pompant tout leur sang et les couvrant de dettes à court terme, avec un taux d'intérêt élevé. Même lorsque l'entreprise pillée a fait faillite, les sociétés de capital-investissement parasites ont empoché les liquidités, grâce aux frais initiaux et aux intérêts reportés. Au lieu de considérer cela comme une opportunité de réinvestir dans leurs propres sociétés, les dirigeants de nos entreprises décadentes et leurs copains des conseils d'administration ont considéré que c'était une opportunité de s'enrichir, en s'appropriant les grands bilans par des rachats d'actions.

Comme lors du tsunami économique de 2008, les contribuables ont secouru ces sociétés zombies – les comportements financiers répréhensibles à DC, ayant entraîné la privatisation des profits et socialisé les obligations envers les contribuables. Selon la SBA (Administration des Petites Entreprises), les petites entreprises représentent 99,7 % des entreprises américaines qui sont des employeurs, et 64 % des nouveaux emplois nets dans le secteur privé[39].

En 2020, en seulement quelques semaines, 25 % des petites entreprises ont fermé leurs portes, laissant près de 40 millions d'Américains au chômage. Le compte à rebours a commencé pour les fermetures définitives. Étant les fournisseurs d'idées et d'inconduite professionnelle à ces charognards de l'ingénierie financière extrême, les opportunistes écoles de commerce de l'IVY League (qui regroupe les huit universités d'élite privées du Nord-Est des États-Unis), doivent accepter leur juste part de responsabilité dans le lynchage de la fondation capitaliste affaiblie construite par les Roosevelt, Teddy, Franklin et Eleanor. De nombreux diplômés des écoles de commerce de l'IVY League et des professionnels haut de gamme à la recherche de rêves financiers se retrouvent à Wall Street ou dans l'une des entreprises appartenant aux BIG4. Pour quelques dollars supplémentaires, la plupart des meilleurs ingénieurs se retrouvent également dans cette pratique d'ingénierie financière. Mais à quoi sert Wall Street ? Une grande partie de ce que font les banquiers d'affaires est socialement sans valeur, et potentiellement dangereux pour les économies américaine et mondiale. À part des produits d'ingénierie financière toxiques, quelles sont les choses concrètes qu'ils conçoivent, construisent ou vendent ?

Wall Street est déconnecté des gens ordinaires. Ils ont mis l'économie à genoux, en créant la théorie du « trop gros/grand pour faire faillite », qui a socialisé le passif (à la charge du contribuable) et privatisé les bénéfices (à leur profit). Ils ont créé les produits dérivés et d'autres ADM (Armes de Destruction Massive) et encouragé la prise de risques biaisée dans un marché truqué. Comme on peut le voir dans le graphique ci-dessous, les deux tiers des revenus des BIG4 proviennent des missions d'audit et des pratiques fiscales. Les pratiques d'audit font l'autopsie des chiffres du passé et préviennent les problèmes liés aux exigences de conformité internes et externes. Les pratiques fiscales aident également les clients à profiter des échappatoires fiscales, des boîtes postales (dans les paradis fiscaux à l'étranger), du TESCM (Gestion de la chaîne d'approvisionnement fiscalement efficace) et d'autres pratiques qui peuvent être toxiques pour les contribuables. Une part importante des pratiques de consultation est relative à l'ingénierie financière. Dans quelle mesure nos institutions de l'IVY League verdissent-elles la RSE (Responsabilité Sociétale des Entreprises) et l'avenir éthique de l'Entreprise et de l'Amérique ? Sont-elles seulement des termites qui en rongent les fondements ?

De 2009 à 2015, les 50 plus grandes entreprises américaines ont obtenu plus de 423 billions de dollars en allégements fiscaux et ont dépensé plus de 2,5 billions de dollars pour faire du lobbying auprès du Congrès afin d'accroître encore plus leurs bénéfices.

Oxfam America

The Gods Must be Crazy!
BIG4 revenue (2018) by services

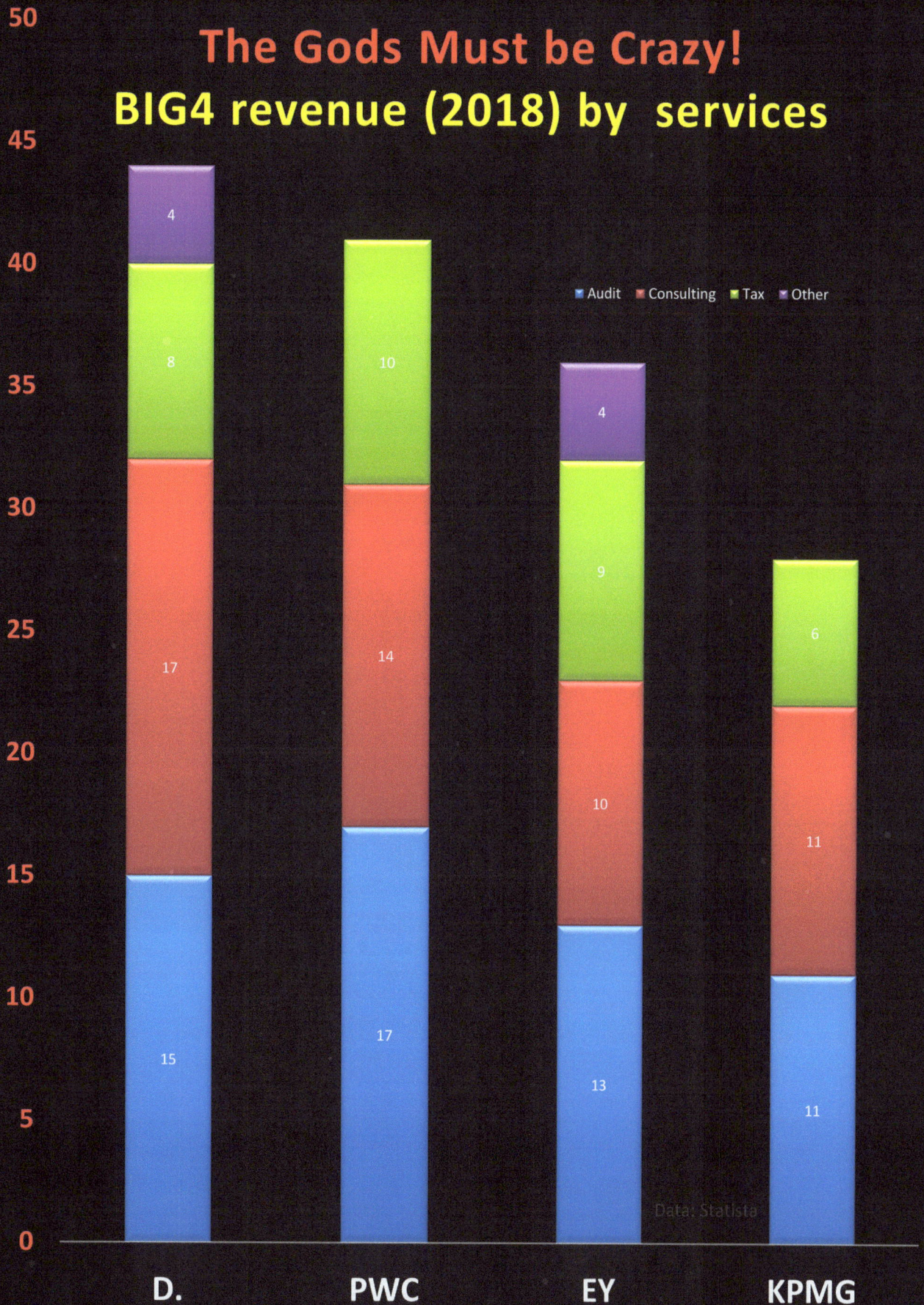

Legend: Audit · Consulting · Tax · Other

Data: Statista

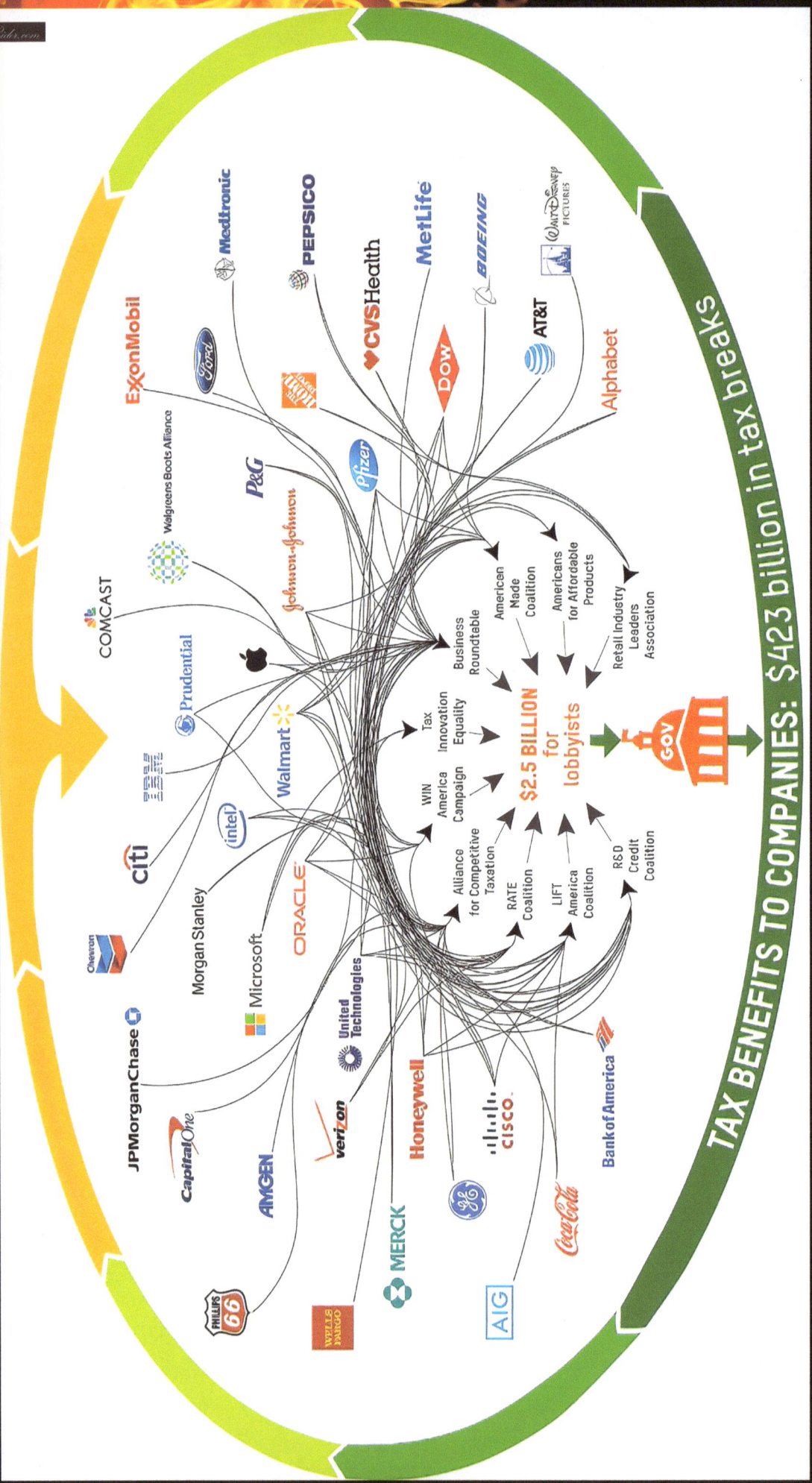

TAX BENEFITS TO COMPANIES: $423 billion in tax breaks

$2.5 BILLION for lobbyists

L'Élysée[40]

Ainsi, nos parasites ont écrasé la fondation capitaliste élaborée par Roosevelt. En conséquence, nous assistons à la disparition de l'État-nation. À sa place, nous assistons à la montée spectaculaire d'une nouvelle classe d'« Élysée à base de stéroïdes » qui pirate les fondations ruinées du système capitaliste de Roosevelt. En étouffant l'innovation et en détournant la démocratie, des groupes comme FAANG (Facebook, Amazon, Apple, Netflix et Google) deviennent les cartels les plus dangereux au monde. Et avec une capitalisation boursière combinée d'environ 5 trillions de dollars, ils menacent les fondements mêmes de la civilisation.

Cette seule année, FAANGM (Facebook, Amazon, Apple, Netflix, Google et Microsoft) a ajouté un trillion de dollars en capitalisation boursière. C'est plus que la valeur marchande totale des 500 S&P du secteur de l'énergie. Pendant ce temps, l'économie réelle s'effondre. Alors que Wall Street et les titans de la technologie ont connu l'expansion de leur vie, la misère, la pire en au moins 145 ans, s'est abattue sur les gens normaux.

Un quart des citoyens du monde sont des utilisateurs actifs de Facebook. On peut soutenir qu'ils ont même fait élire l'ancien président américain. Dans une note de service, le vice-président de Facebook, Andrew Bosworth, a écrit que l'utilisation par la campagne Trump des outils publicitaires de Facebook était responsable de la victoire de Donald Trump à l'élection présidentielle de 2016[41]. Cela peut même se reproduire. Il sera intéressant de voir le sort du dollar américain lorsque Facebook colonisera les citoyens avec son électro-dollar Libra (crypto-monnaie).

« Pas de discours civil, pas de coopération, de la désinformation, de la fausseté. Et ce n'est pas un problème américain, ni une publicité russe.C'est un problème Mondial. Je pense que nous avons créé des outils qui déchirent le tissu social du fonctionnement de la société. Les boucles de rétroaction à court terme, alimentées par la dopamine que nous avons établies, détruisent le fonctionnement de la société. Vous êtes en train d'être programmés.
Je me sens très coupable. Au fin fond de notre esprit, nous avons en quelque sorte su. Quelque chose de mauvais pouvait arriver ».

Chamath Palihapitiya
(Investisseur milliardaire et ancien
Vice-président de la croissance des utilisateurs de Facebook)

Viva Wall Street !

Il était une fois où New York était le centre financier du monde, parce que les États-Unis étaient économiquement au sommet du monde. La Chine a créé son centre d'affaires à partir de Shanghai, et elle a déjà commencé à renverser l'influence américaine. Aux États-Unis, après avoir atteint un sommet à la fin des années 1990, le nombre d'entreprises publiques a diminué de façon constante. Grâce au capital-investissement, aux fusions-acquisitions et aux sorties de capitaux, elles sont passées de plus de 7 000 à moins de 3 000 sociétés. Pendant ce temps, le marché boursier chinois est passé de zéro à environ 4 000 sociétés, en plus des 2 500 cotées à Hong Kong.

"Nous devons voir que les entreprises chinoises, en partie avec le soutien de fonds publics, tentent de plus en plus d'acheter des entreprises européennes qui ne coûtent pas cher à acquérir, ou, qui ont connu des difficultés économiques en raison de la crise du coronavirus...

À l'avenir, la Chine sera notre plus grand concurrent, sur les plans économique, social et politique...

Je considère la Chine comme le concurrent stratégique pour l'Europe, qui représente un modèle de société autoritaire. Elle veut étendre son pouvoir et remplacer les États-Unis comme une puissance de premier plan...

Par conséquent, l'Union européenne devrait réagir de façon coordonnée et mettre fin à la « tournée de shopping chinoise. »

Manfred Weber,
(Chef du groupe PPE au Parlement européen).(NPR News 17/5/20)

À une autre époque, vers 1960, l'économie américaine représentait environ 40% du PIB mondial. Hélas, comme nous l'avons vu, il est tombé à moins de 15% en PPA. Pendant ce temps, le PIB de la Chine est en plein essor, avec actuellement plus de 20% du PIB mondial. Notre extrême cupidité a gaspillé notre bonne volonté. Si nous n'agissons pas rapidement ensemble, les jours de notre empire et de nos entreprises sont comptés ; surtout si l'on considère que nous contrôlons 79,5% de tout le commerce mondial grâce au statut de notre devise de réserve (le dollar US)[42].

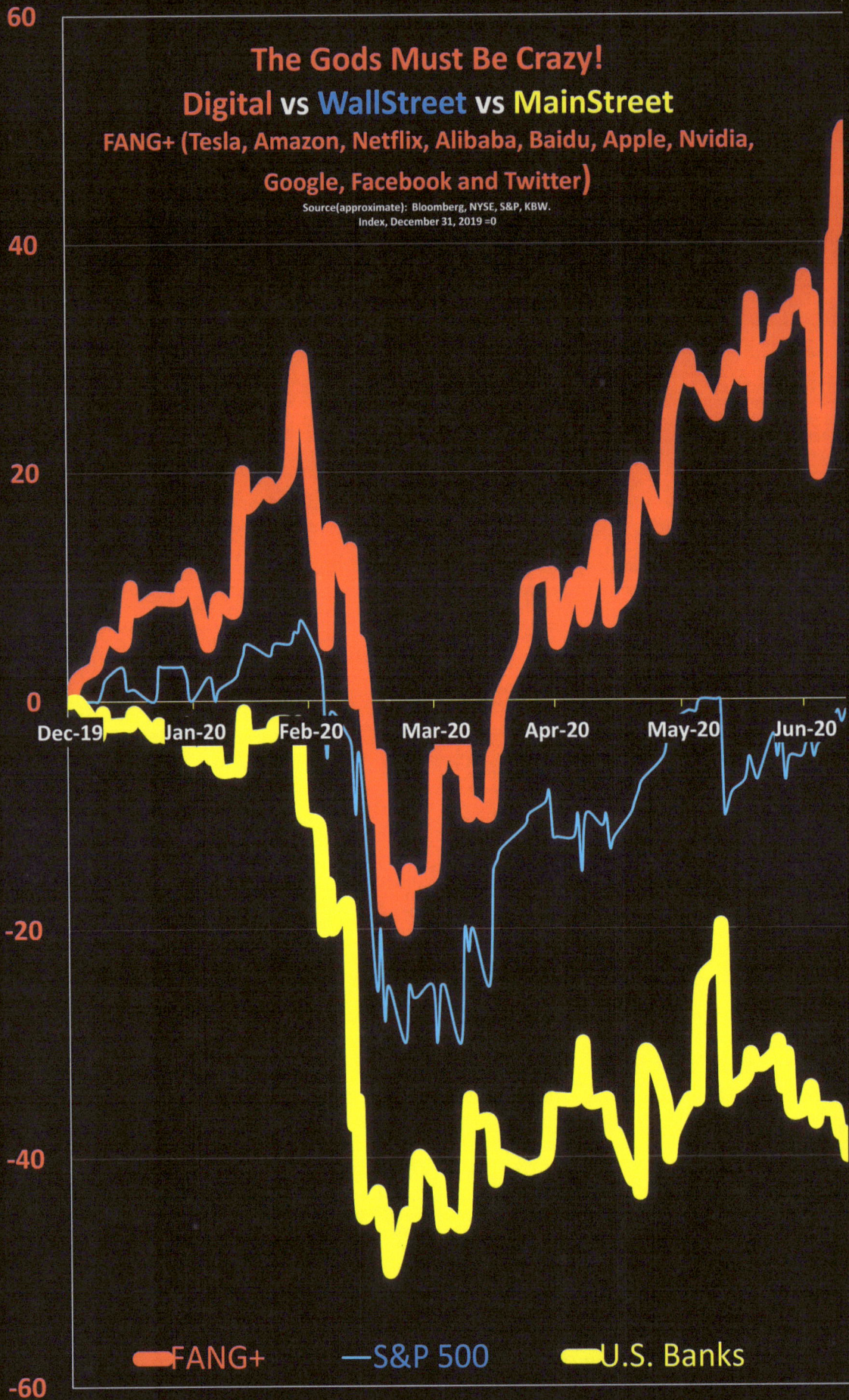

The Gods Must Be Crazy!
Digital vs WallStreet vs MainStreet
FANG+ (Tesla, Amazon, Netflix, Alibaba, Baidu, Apple, Nvidia, Google, Facebook and Twitter)
Source(approximate): Bloomberg, NYSE, S&P, KBW.
Index, December 31, 2019 =0

FANG+ ——S&P 500 U.S. Banks

The Gods Must Be Crazy!
Real Gross Domestic Product
Source: U.S. Bureau of Economic Analysis(FRED, Q2 2020)

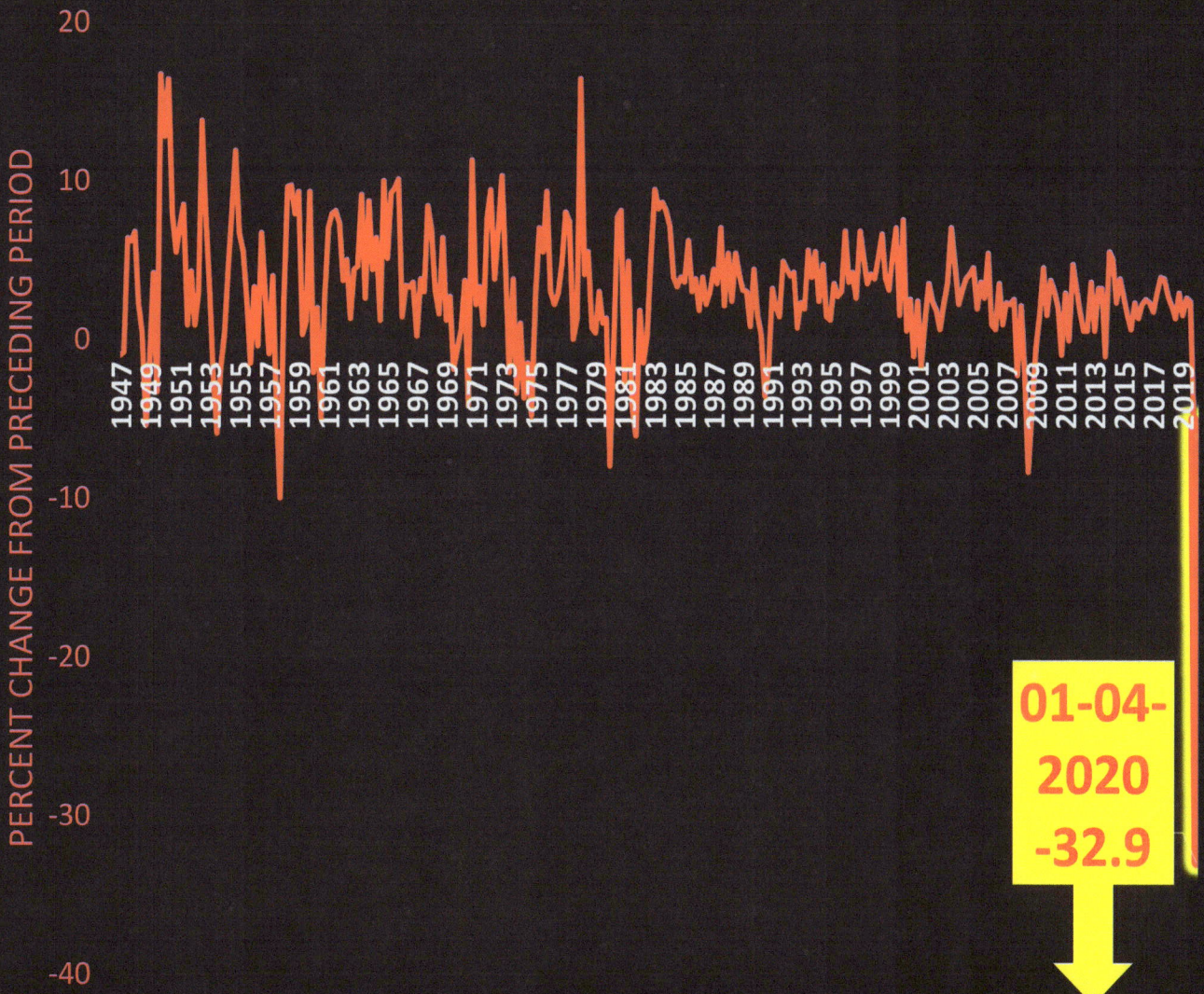

PERCENT CHANGE FROM PRECEDING PERIOD

01-04-2020 -32.9

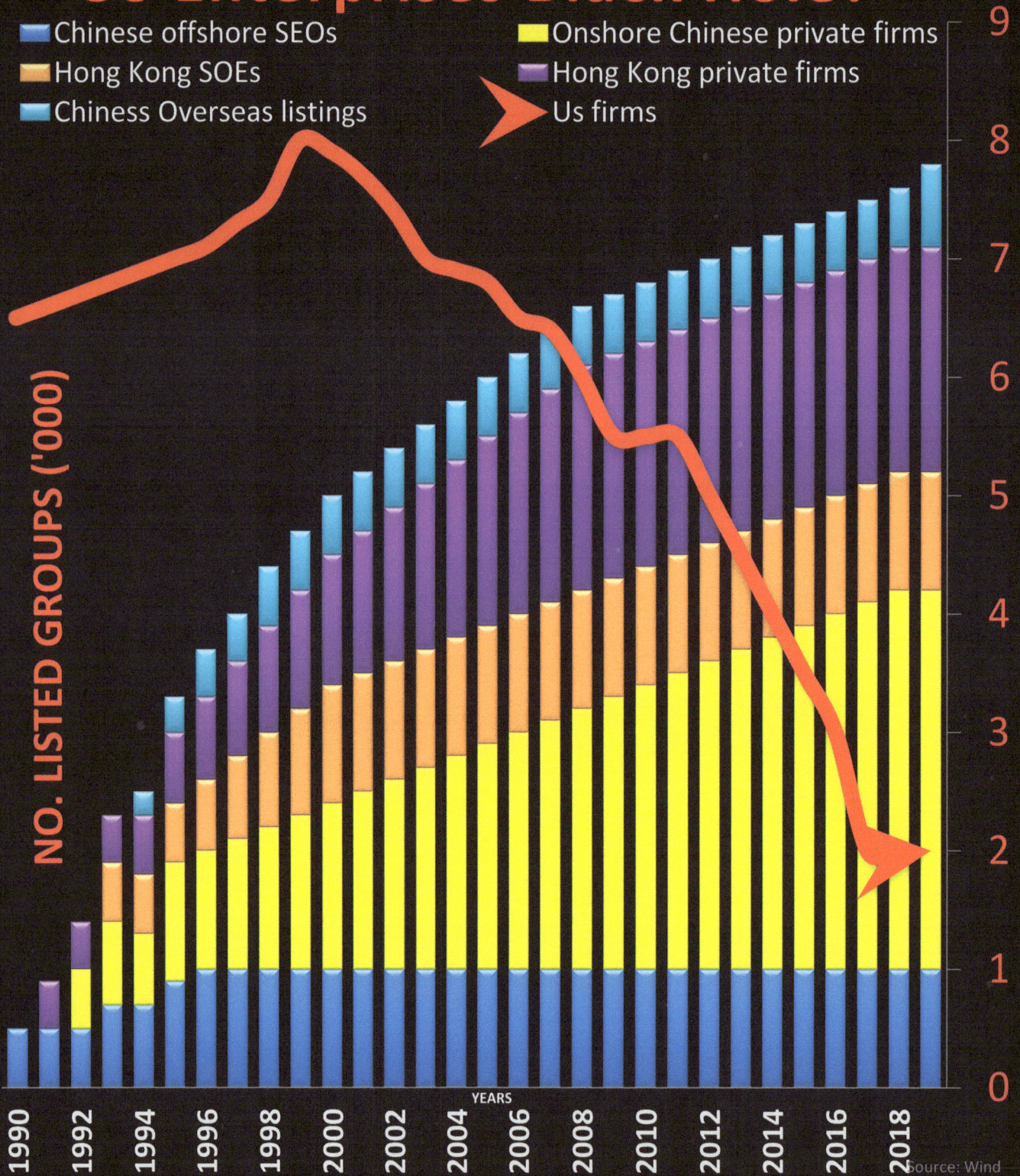

The Gods Must be Crazy!
Catacomb of Capitalism?
US Enterprises Black Hole?

Legend:
- Chinese offshore SEOs
- Onshore Chinese private firms
- Hong Kong SOEs
- Hong Kong private firms
- Chiness Overseas listings
- Us firms

Y-axis: NO. LISTED GROUPS ('000)

X-axis: YEARS — 1990, 1992, 1994, 1996, 1998, 2000, 2002, 2004, 2006, 2008, 2010, 2012, 2014, 2016, 2018

Source: Wind

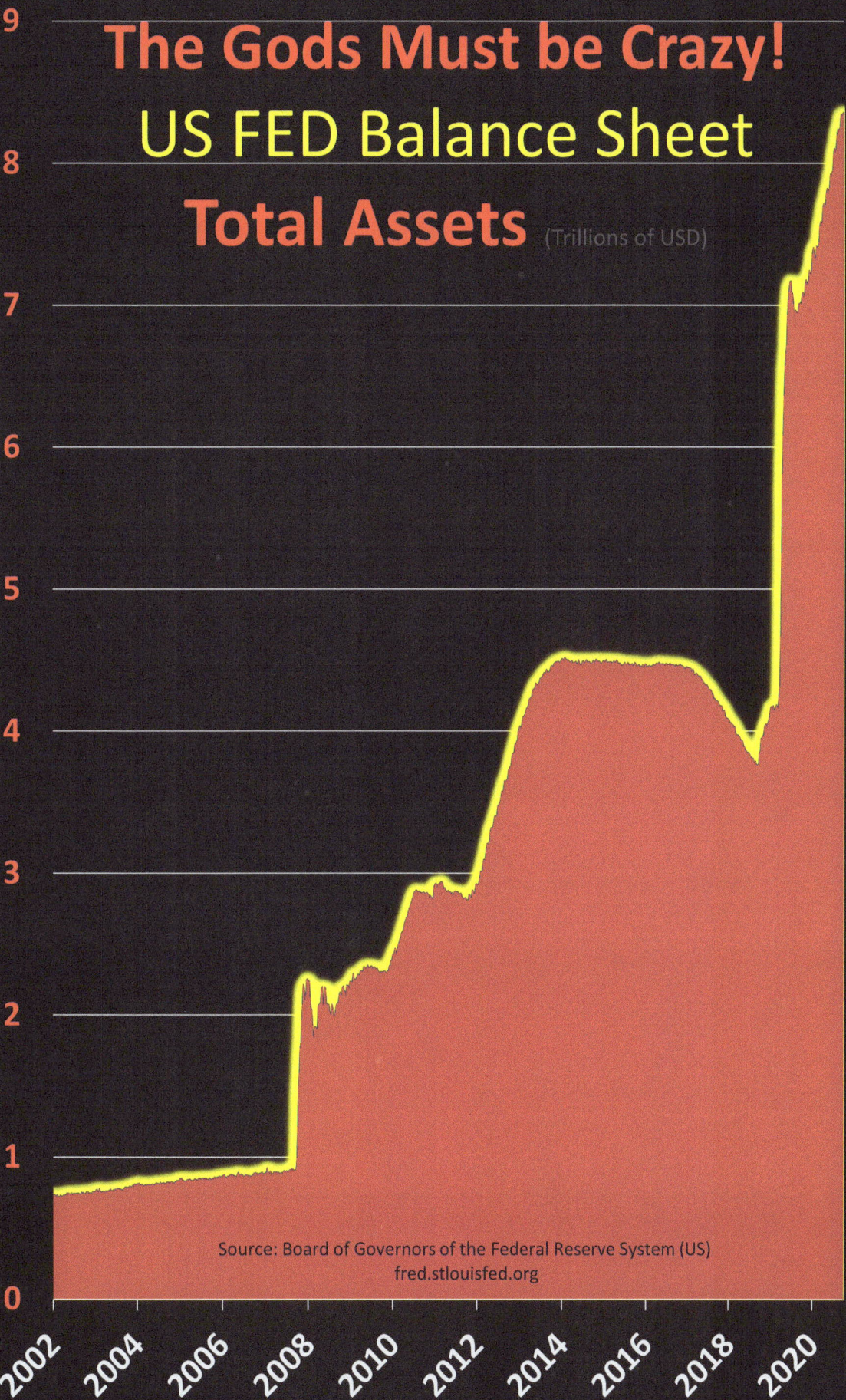

The Gods Must be Crazy!

US FED Balance Sheet

Total Assets (Trillions of USD)

Source: Board of Governors of the Federal Reserve System (US)
fred.stlouisfed.org

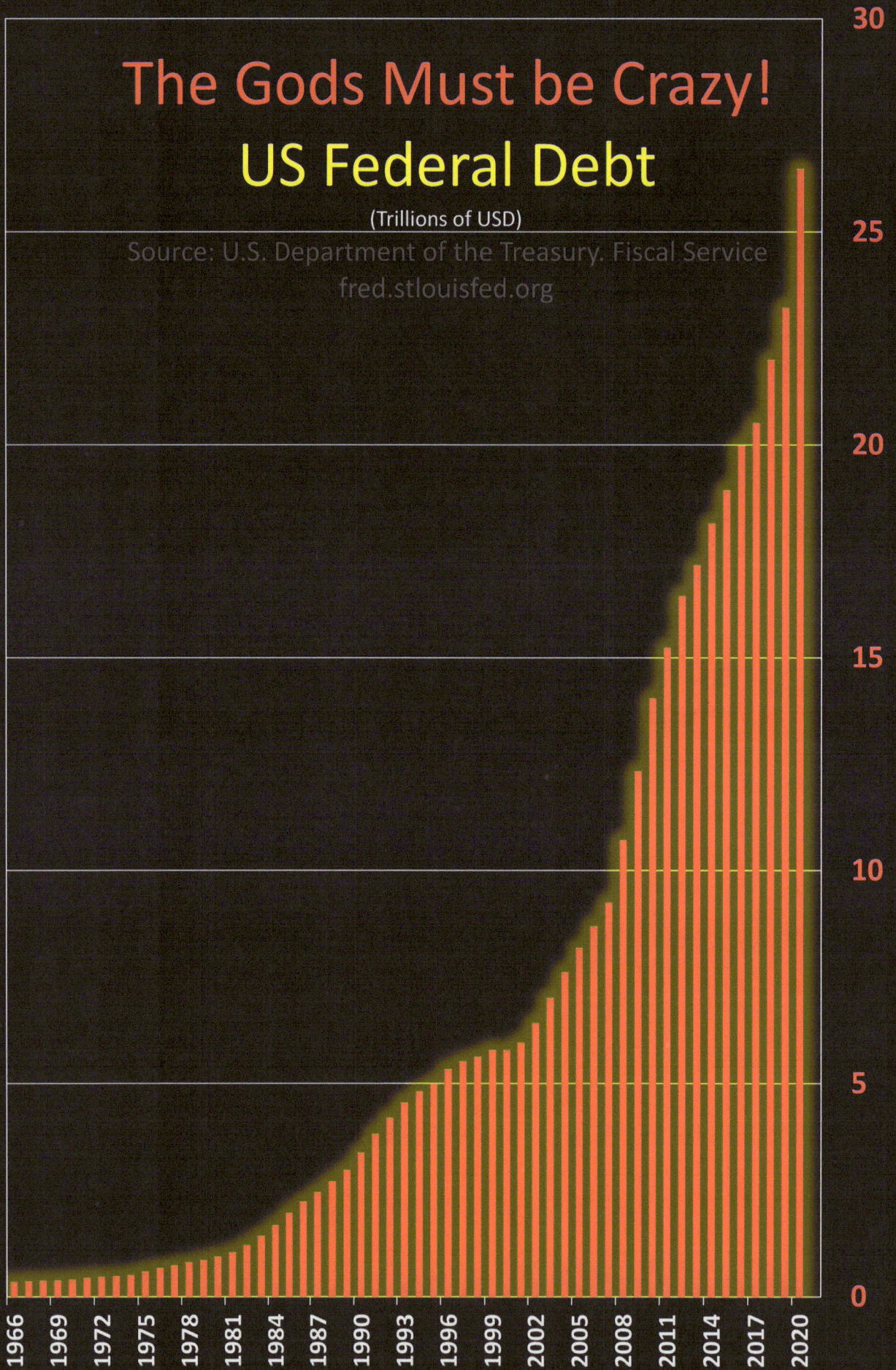

The Gods Must be Crazy!
US Federal Debt
(Trillions of USD)

Source: U.S. Department of the Treasury. Fiscal Service
fred.stlouisfed.org

La planète du Quatrième Reich

En résumé, l'état de nombreuses entreprises ressemble à un groupe de zombies dysfonctionnels de Frankenstein, datant de la Seconde Guerre mondiale, dirigé de haut en bas de la tour d'ivoire occidentale par un club hiérarchisé de vieux copains. Le monde a évolué de telle façon, qu'aujourd'hui, la plupart de la croissance des marchés se fait là où vivent 96 % des 7,8 billions d'individus. Les experts de la tour d'ivoire ont commis une erreur en ne regardant que le haut de la pyramide. Nous devons réorganiser les affaires du point de vue d'une perspective ascendante.

Au cours des années 1990, George Soros a cassé la Banque d'Angleterre pour £3.3 billions[43] et a causé la crise financière asiatique avec seulement une fraction de sa richesse[44]. Selon Oxfam, Apple détient à elle seule plus de 200 billions de dollars en fonds offshore, tandis que la réserve de change du Royaume-Uni est inférieure à 180 billions de dollars. Les États-Unis détiennent moins de 130 billions de dollars, tandis que la Chine est assise sur une manne de plus de 3 000 billions de dollars. Comme vous pouvez le voir sur le graphique, le bilan de la Réserve fédérale américaine a presque doublé en moins de trois mois, en ajoutant une dette de trois trillions de dollars.

Tôt ou tard, on récolte ce que l'on a semé. Combien de dollars voyous dans la dette américaine de 25 trillions de dollars (qui comprend les avoirs chinois, russes et saoudiens) seront nécessaires pour briser l'entreprise du capitalisme occidental ?

Si nous n'élaborons pas l'ère numérique du 22ème siècle, « l'Arche de Noé de la nouvelle entreprise normale », nous travaillerons bientôt comme esclaves pour Le Maître du Haut Château[45], qui rappelle l'Usine Américaine[46] du documentaire Netflix. Le coronavirus pourrait bien devenir le cheval de Troie du IVème Reich..

L'ÉTAT ACTUEL DE L'ENTREPRISE

«Un homme en colère peut redevenir heureux, un homme frustré peut être contenté, mais un pays ravagé ne peut être reconstruit, et de la même manière un homme tué ne peut être ressuscité. C'est pourquoi un souverain éclairé est prudent, et le bon général prévenu contre tout engagement inconsidéré. C'est la façon de garder un pays en paix et une armée intacte.»

L'Art de la Guerre - Sun Tzu (476–221 Av. J.C.)

The Gods Must Be Crazy!

Gaggle of Financial-Engineering Frogs in Debt

Nonfinancial Corporate Business; Debt Securities; Liability, Level (**Trillion $**)

Source: Board of Governors of the Federal Reserve System(FRED, Q1 2021)

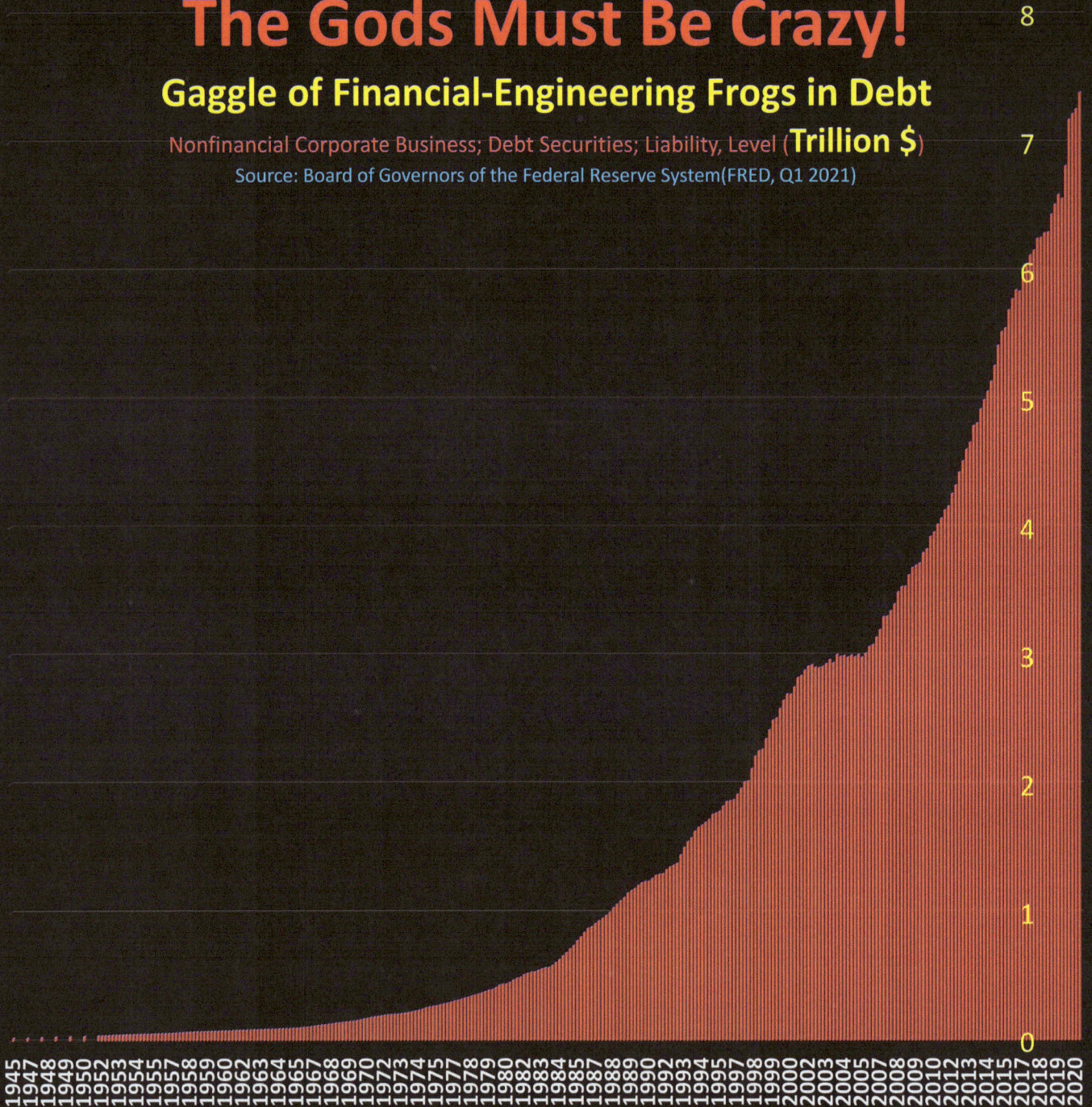

"*Alice: Would you tell me, please, which way I ought to go from here?* CAT: THAT DEPENDS A GOOD DEAL ON WHERE YOU WANT TO GET TO. *Alice: I don't much care where.* CAT: THEN IT DOESN'T MUCH MATTER WHICH WAY YOU GO "
— Alice in Wonderland

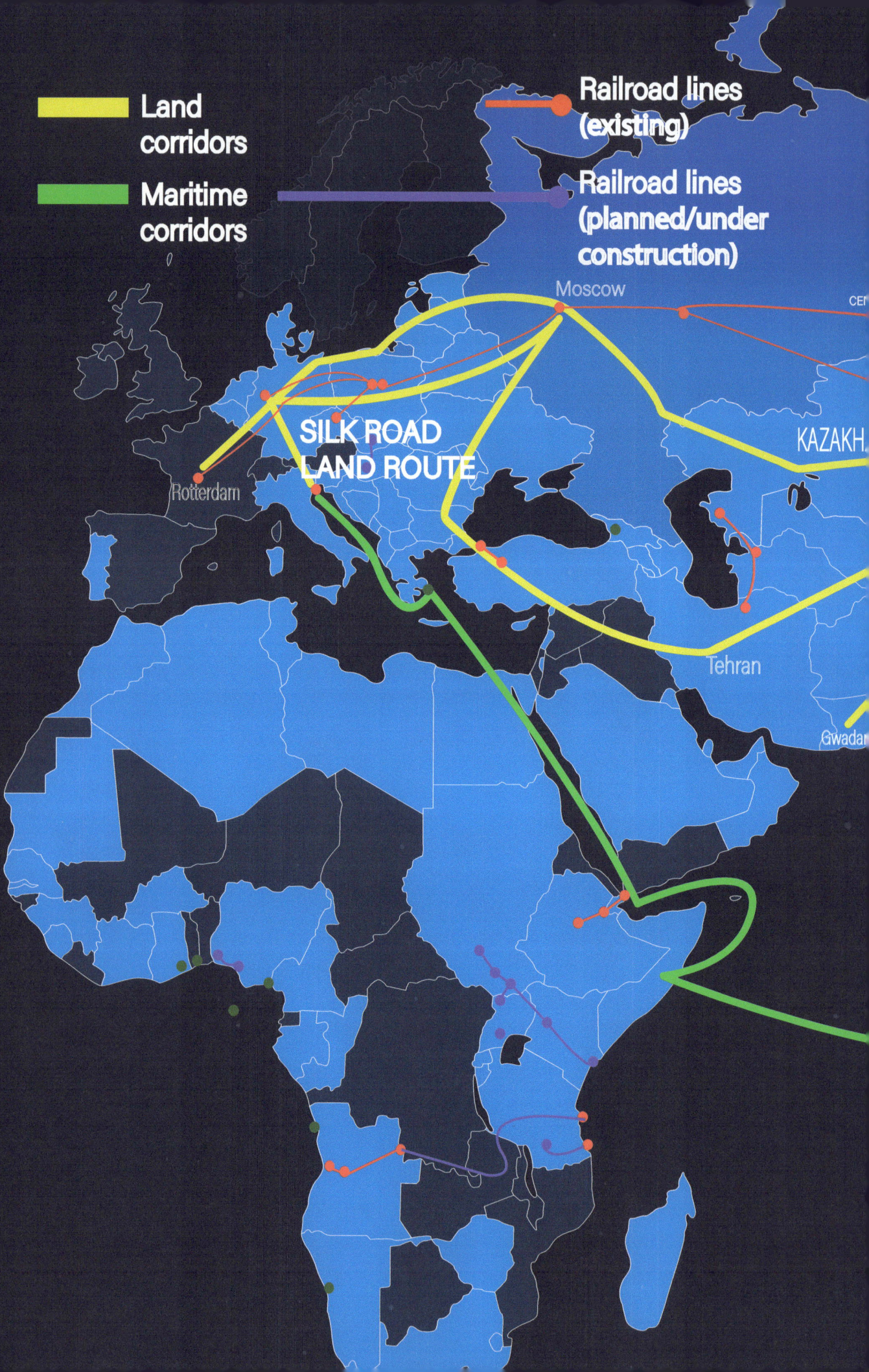

Land corridors

Maritime corridors

Railroad lines (existing)

Railroad lines (planned/under construction)

Moscow

CE

KAZAKH.

SILK ROAD LAND ROUTE

Rotterdam

Tehran

Gwadar

Ports with Chinese engagement (existing)

Ports with Chinese engagement (planned/ under construction)

RUSSIA

XINJIANG REGION

Mongolia

Almaty

CHINA

Xian

INDIA

Kolkata

MYANMAR

Kuala Lumpur

SILK ROAD SEA ROUTE

As of 2013, 82% of China's oil imports and 20% of its gas imports pass through the Strait of Malacca

En résumé, les entreprises sont une horde défaillante de morts-vivants qui datent de l'ère de la Seconde Guerre mondiale. Elles sont conduites, à partir d'une tour d'ivoire occidentale, par un gang du club hiérarchisé des vieux copains. Malheureusement, le monde a évolué et, aujourd'hui, comme je l'ai mentionné plus tôt, la majeure partie de la croissance du marché se situe là où vivent 96% des 7,8 billions d'individus. Nous avons un minimum d'intérêt et peu de compréhension de la situation dont profite la Chine avec la colonisation économique et numérique. Nous devons réorganiser l'entreprise du point de vue d'une perspective ascendante. Les chers dirigeants des salles des Universités d'élite ont commis une erreur en ne regardant que le sommet de la pyramide. A titre d'exemples (basés sur ma propre expérience) :

★ Aujourd'hui « les vendeurs de poudre de perlimpinpin » (huile de serpent)[47], qui sont des esprits étriqués, construisent plus de 75% des architectures d'entreprise ». Beaucoup sont une bande de grenouilles, qui font des économies de bout de chandelle. Ils sont pourris avec des égos politiques dans la finance, les affaires, l'informatique, les partenaires d'exécution, les vendeurs offshore, les présentations PowerPoint des BIG4...
★ Plus le pactole est gros (taille de la compagnie), moins l'entreprise est recommandable
★ Plus de 75% des implantations de sociétés sont mal parties
★ Plus de 75% des entreprises rescapées sont des zombies bancals de Frankenstein issues de fusions-acquisitions, fusions inversées, inversions, TESCM, BPO, transformations, licenciements, externalisations et autres modes d'ingénierie financière excessive.
★ Plus de 75% des architectures d'entreprise datent d'avant l'ère du World Wide Web. En d'autres termes, ces architectures ne correspondent pas à l'ère digitale. L'informatique, la comptabilité traditionnelle, et la plupart des fonctions (surtout celles répétitives) sont au bord de l'automatisation via les robots de l'intelligence artificielle dans le cloud. Les systèmes informatiques/d'affaires vont évoluer de la phase transactionnelle, à la phase opérationnelle, puis à celle de l'analyse prévisionnelle des robots de l'intelligence artificielle (automatisation robotique dans le Cloud).

La Chine dépense des trillions de dollars pour soutenir ses quasi entreprises et a déjà largement dépassé ses objectifs de 2025, fixés en 2015 par le PCC (Parti Communiste Chinois). Les chinois ont déjà éliminé sans merci leurs concurrents de l'Ouest pour des produits et des services de plus grande valeur comme la 5G, l'infrastructure technologique, l'aérospatiale et les semi-conducteurs. Ils sont devenus indépendants des fournisseurs étrangers dans ces domaines.

De nos jours l'architecture pré-WWW (World Wide Web) de l'entreprise occidentale est détournée et obsolète. Elle a perdu sa résilience et ne peut pas concurrencer les entreprises de l'Est. Nous faisons maintenant face à ces défis en raison du système corrompu de Washington DC, la Private Equity de Gordon Gekko, les pillards d'entreprises (certains financés par des Chinois), les algorithmes de Wall Street gérés par Twitter, et la manipulation financière excessive qui en résulte.

Nos dirigeants sont devenus déconnectés de la réalité. Logés dans leurs temples immaculés du capitalisme truqué, ils concoctent des stratagèmes financiers. Le marché boursier a grimpé de plus de 250% au cours des dix dernières années, sans aucune croissance productive, et l'ingénierie financière a abusé de l'excellent bilan. Ils ont ébranlé les fondements mêmes du capitalisme.

« Dans un scénario de ralentissement économique important, moitié moins grave que la crise financière mondiale, la dette « à risque » des entreprises (dette due par les sociétés qui sont incapables de couvrir les intérêts avec leurs bénéfices) pourrait atteindre 19 trillions au-dessus des niveaux de crise, soit près de 40 % de la dette totale des entreprises dans les grandes économies. »

Rapport sur la stabilité financière mondiale, FMI (2019)[48]

Aujourd'hui beaucoup de grandes entreprises sont principalement des conglomérats morts-vivants, issus de fusions-acquisitions, fusions inversées, inversions, TESCM, BPO, transformations, licenciements, externalisations et autres modes d'ingénierie financière excessive. La majorité de ces entreprises remettront leur destinée dans les mains des vautours chinois de la propriété intellectuelle (PI), comme le montre le tableau ci-dessous ::

« Nous devons voir que les entreprises chinoises, en partie avec le soutien de fonds publics, tentent de plus en plus d'acheter des entreprises européennes qui ne coûtent pas cher à acquérir, ou, qui ont connu des difficultés économiques en raison de la crise du coronavirus…
À l'avenir, la Chine sera notre plus grand concurrent, sur les plans économique, social et politique… Je considère la Chine comme le concurrent stratégique pour l'Europe, qui représente un modèle de société autoritaire. Elle veut étendre son pouvoir et remplacer les États-Unis comme une puissance de premier plan…
Par conséquent, l'Union européenne devrait réagir de façon coordonnée et mettre fin à la « tournée de shopping chinoise ».

Manfred Weber
(Chef du groupe PPE au Parlement européen). (NPR News 17/5/20)

The Gods Must be Crazy!

Typical Empire Rise & Fall

Resilience Engineering → **Excessive Financial Engineering**

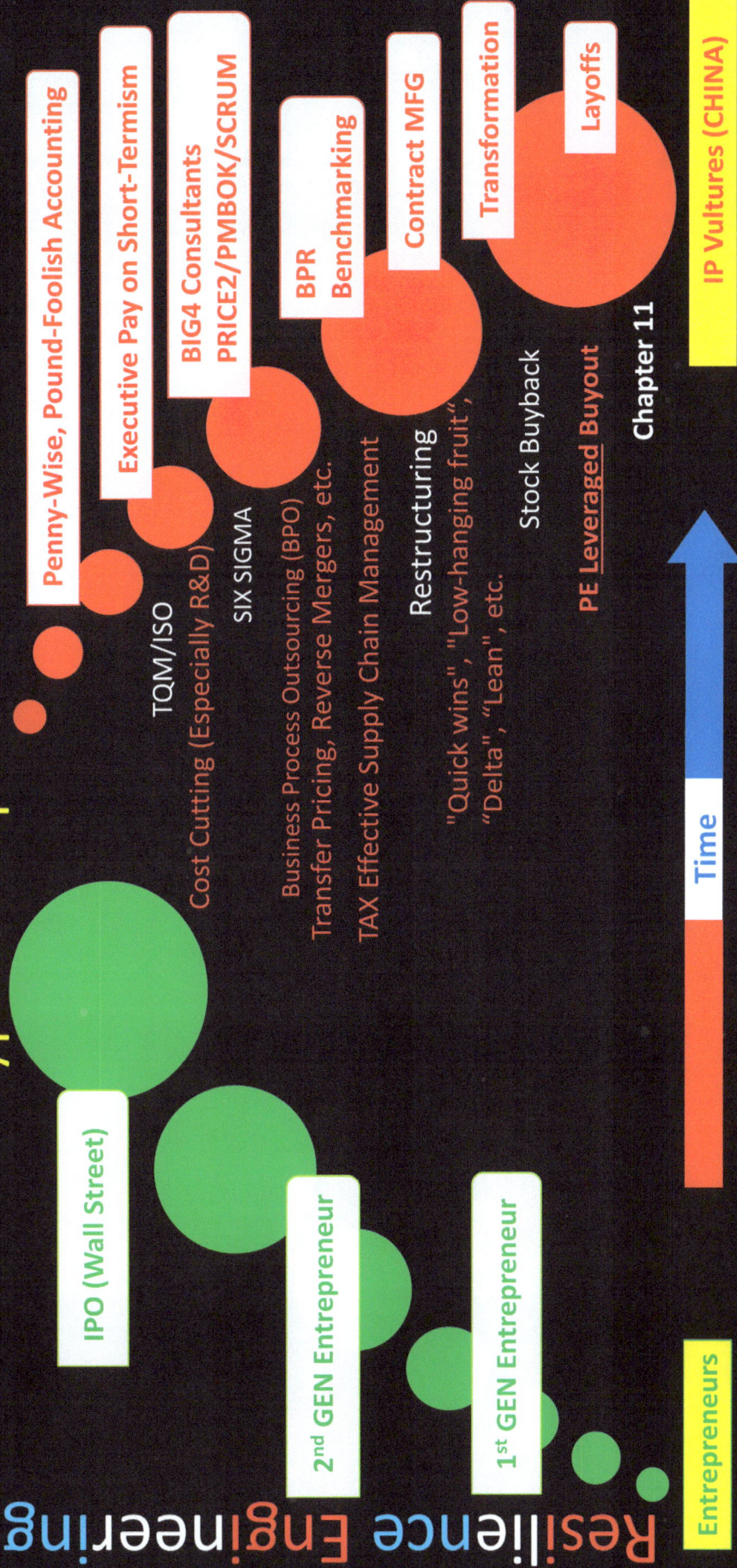

- IPO (Wall Street)
- 2ⁿᵈ GEN Entrepreneur
- 1ˢᵗ GEN Entrepreneur

- Penny-Wise, Pound-Foolish Accounting
- Executive Pay on Short-Termism
- BIG4 Consultants PRICE2/PMBOK/SCRUM
- TQM/ISO
- Cost Cutting (Especially R&D)
- SIX SIGMA
- Business Process Outsourcing (BPO)
- Transfer Pricing, Reverse Mergers, etc.
- TAX Effective Supply Chain Management
- BPR Benchmarking
- Restructuring
- Contract MFG
- "Quick wins", "Low-hanging fruit", "Delta", "Lean", etc.
- Transformation
- Stock Buyback
- PE Leveraged Buyout
- Layoffs
- Chapter 11
- IP Vultures (CHINA)

Time →

Entrepreneurs

www.E.P.M.Mavrrides.com

Et oui, nous sommes bien au milieu du nouvel ordre mondial

LES DIEUX SONT DEVENUS FOUS ! [49]

MON VOYAGE DE LA TERRE COMMUNISTE À LA QUINTESSENCE DU CAPITALISME

« Connaître l'ennemi permet de passer à l'offensive, se connaître soi-même permet de se tenir sur la défensive ». Il ajoute : « L'attaque est le secret de la défense et la défense est la planification d'une attaque. »

L'Art de la Guerre - Sun Tzu (476–221 AV. J.C.)

Permettez-moi de vous avouer que je suis un cow-boy capitaliste prodigue, de parents socialistes du pays de Dieu, le Kerala, en Inde. Grâce aux écoles catholiques, dirigées par les missionnaires amenés par nos colonisateurs européens, les communistes ont été démocratiquement élus depuis plus d'un demi-siècle au Kerala, et les gens vénéraient Marx, Lénine, Staline et Che comme nos super-dieux. A l'époque, bien que nous appartenions à la classe moyenne, mes parents, tous les deux enseignants, n'ont jamais connu le luxe de prendre des vacances, et j'ai passé la plupart des congés scolaires à la bibliothèque du collège de papa, à lire des carnets de voyage occidentaux.

Nous n'avions pas de télé à la maison, et le seul film qu'ils m'aient jamais emmené voir au cinéma était Gandhi. Paradoxalement, je suis devenu architecte EPM international chez AMC Theaters, maintenant AMC Entertainement, le N°1 du show business, et propriété de l'homme qui fut à un moment le plus riche de Chine. À la suite de ma libération, ou peut-être comme un acte de vengeance, au cours des deux dernières décennies, j'ai gaspillé l'argent que gagnait ma femme en travaillant pour chasser des oiseaux et brandir ma caméra dans les régions sauvages de 20 pays. Grâce au programme chinois, GIFT executive leadership program[50] (https://global-inst.com/learn/) dans les champs de la mort du Cambodge[51], j'ai trouvé du réconfort en faisant des trekkings dans les jungles de Chiangmai-Chiangrai, au Laos et en Birmanie à la recherche de vin de serpent[52].

À l'ère de la "Nouvelle Normale", où le monde perd confiance dans une presse gouvernementale à frapper la monnaie non régulée sur Helicopter (assouplissement quantitatif (QE)[53]), ironiquement, un métal jaune inutile (l'or) redevient l'étalon de la richesse des nations et des riches pourris de fric. Pendant plus d'un siècle, les États-Unis ont pompé la majeure partie de la réserve d'or mondiale déclarée, soit environ 8 000 tonnes métriques. Derrière eux, les anciens gardes européens tiennent ensemble 10 000 tonnes de plus. Croyez-le ou non, selon le World Gold Council (WGC), les femmes indiennes les plus pauvres d'entre les pauvres cachent illégalement plus de 25 000 tonnes de ce même métal jaune inutile sous leurs matelas (une économie souterraine). En quête de réponses au Mystère du Capital, je suis devenu l'adorateur vaudou de Hernando de Soto et de son livre : Pourquoi le capitalisme triomphe en Occident et échoue partout ailleurs.

Permettez-moi de partager certaines de mes expériences personnelles sur ce mystère. Il a fallu près de trois décennies à mes parents pour construire leur maison, après avoir économisé 97 % des coûts de construction. Il leur a fallu une autre décennie pour rembourser aux usuriers les 3% restants à un taux d'intérêt de 30%.

Étant un cow-boy capitaliste prodigue, j'ai à peine économisé de l'argent à ce jour. Pour être franc, j'ai peu confiance en ce bout de papier vide de sens qui dit : En Dieu, nous avons confiance.

Alors que tout le monde se délestait pendant le tsunami économique de 2008, pour tirer parti du capitalisme, je suis moi-même devenu une quintessence de Gordon Gekko, cherchant à profiter du capitalisme. J'ai réussi à acquérir deux propriétés emblématiques en Amérique du Nord (évaluées à plus d'un million de dollars), à un rythme rapide (en deux ans). J'ai pris un prêt hypothécaire qui couvrait 97% de la valeur des biens, à un taux d'intérêt d'environ 3%, sur 30 ans, et en quelques mois, je l'avais refinancé et encaissé plus de 1000% de la mise de fonds.

Contre la sagesse conventionnelle, j'ai également fait des paris sur les marchés internationaux et les eaux boueuses de la monnaie, qui ont payé exponentiellement. J'ai aussi visité la Chine à plusieurs reprises (en plus de mon programme chinois, GIFT executive leadership program (https://global-inst.com/learn/), et ai été responsable de l'Indice Directeur des Achats (PMI) pour la Chine et mentor régional pour l'Asie).

J'ai profité du marché explosif de l'ingénierie financière extrême et, après le tsunami économique de 2008, me suis réincarné en EPM pour finir dans le monde des BIG4. Plus je regardais le monde de la finance en Occident, plus j'étais déçu.

Les termites de l'ingénierie financière ont infesté la structure principale du capitalisme occidental construit par Roosevelt. Maintenant elle s'effondre comme un château de cartes. L'autoritarisme communiste (l'Est) colonise économiquement le monde par la diplomatie du piège de la dette. Après deux décennies, il semble que je vais avoir besoin de remonter cette route en furie de Mad Max et grimper à travers les décombres capitalistes de l'héritage de Roosevelt.

Et oui, nous sommes bien au milieu du nouvel ordre mondial

LE NOUVEL ORDRE MONDIAL

> Toute guerre est fondée sur la tromperie. Quand vous êtes capable, feignez l'incapacité. Quand vous agissez, feignez l'inactivité. Quand vous êtes proche, feignez l'éloignement. Quand vous êtes loin, feignez la proximité.
>
> L'Art de la Guerre - Sun Tzu (476–221 Av. J.C.)

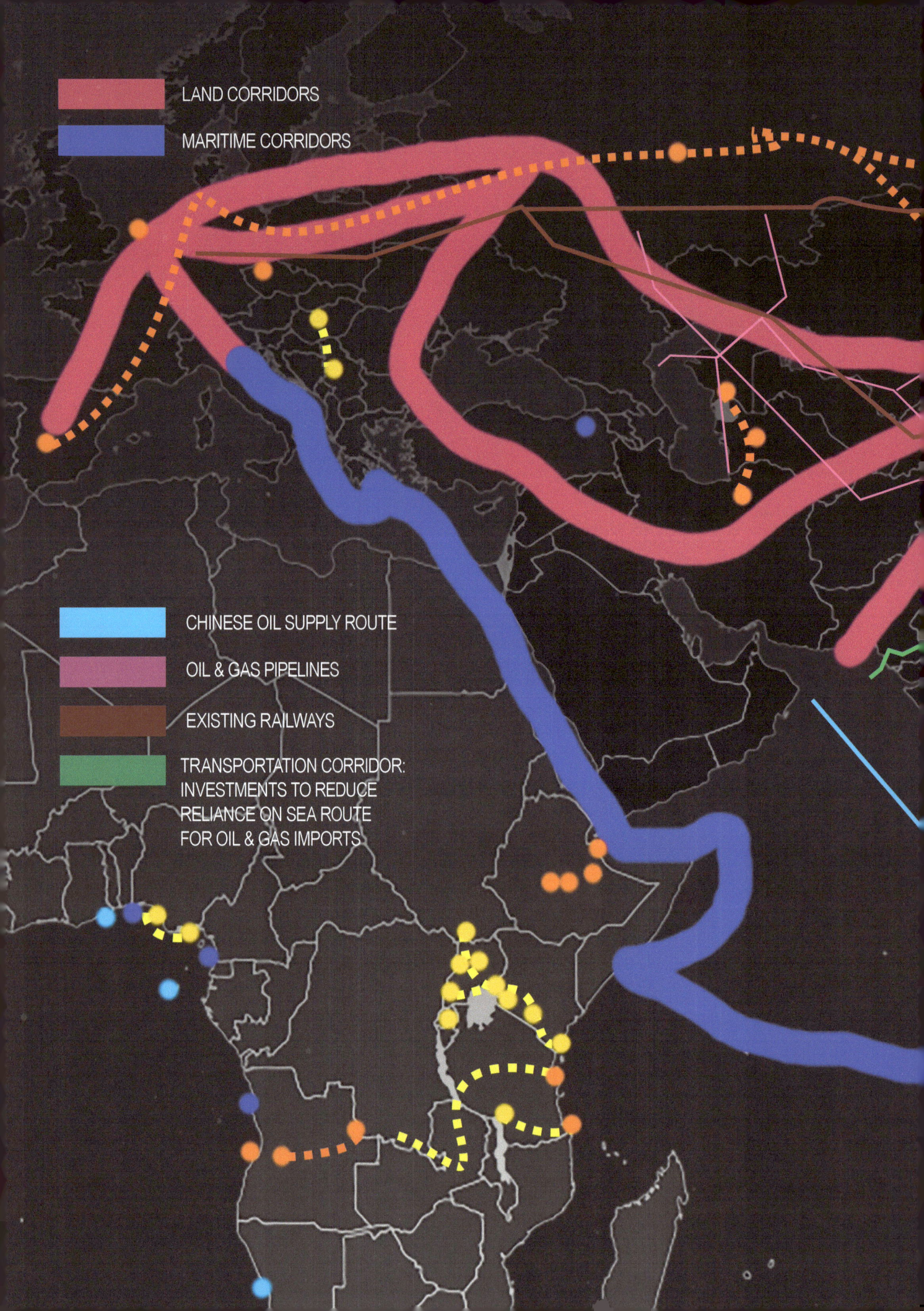

LAND CORRIDORS

MARITIME CORRIDORS

CHINESE OIL SUPPLY ROUTE

OIL & GAS PIPELINES

EXISTING RAILWAYS

TRANSPORTATION CORRIDOR:
INVESTMENTS TO REDUCE
RELIANCE ON SEA ROUTE
FOR OIL & GAS IMPORTS

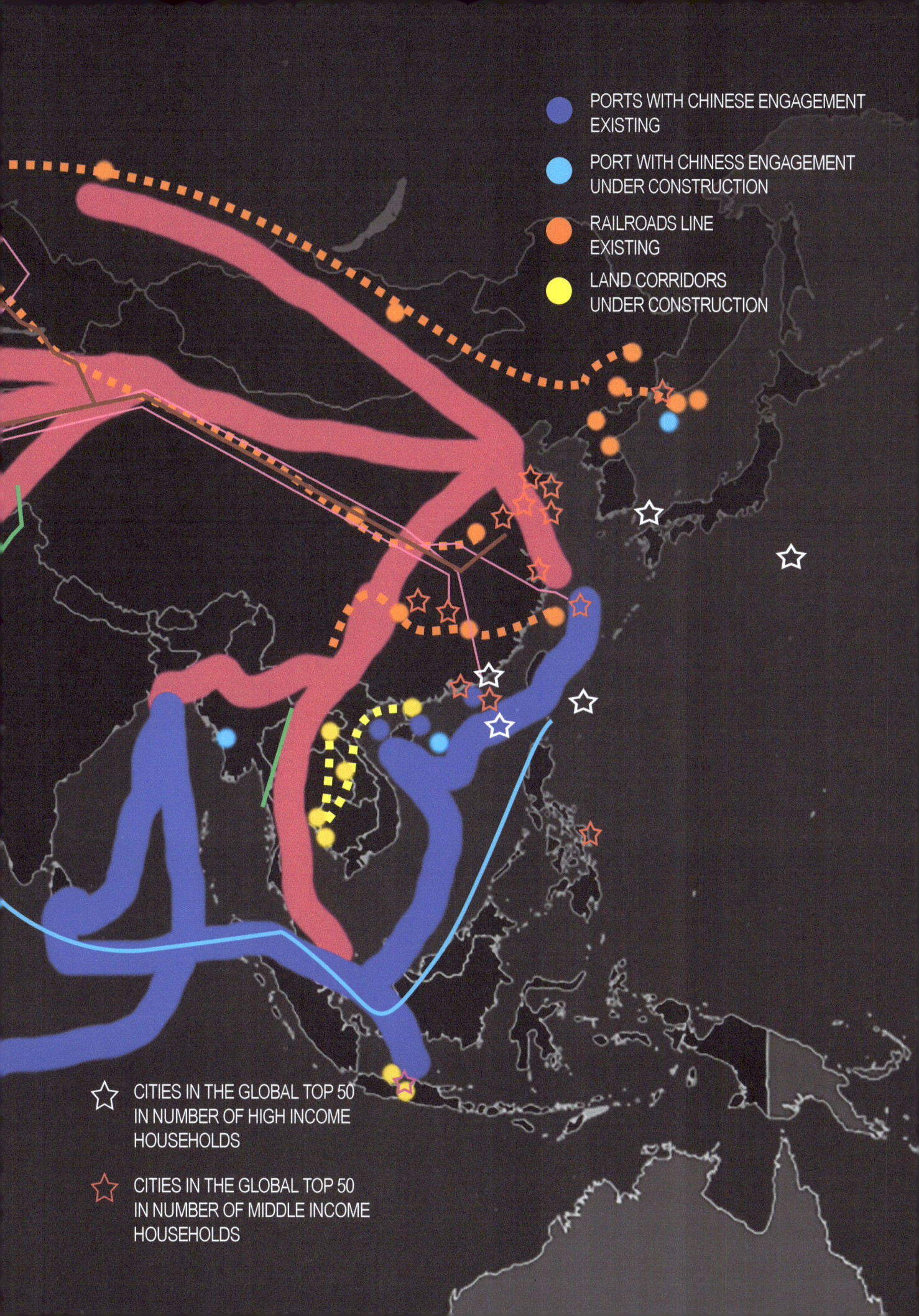

PORTS WITH CHINESE ENGAGEMENT
EXISTING

PORT WITH CHINESS ENGAGEMENT
UNDER CONSTRUCTION

RAILROADS LINE
EXISTING

LAND CORRIDORS
UNDER CONSTRUCTION

CITIES IN THE GLOBAL TOP 50
IN NUMBER OF HIGH INCOME
HOUSEHOLDS

CITIES IN THE GLOBAL TOP 50
IN NUMBER OF MIDDLE INCOME
HOUSEHOLDS

Alors que je prenais mon mal en patience à cause de la COVID-19, j'ai eu l'occasion d'analyser comment je me suis retrouvé dans la quintessence du capitalisme. Il y a un siècle, grâce aux Roosevelt, nous, les États-Unis, sommes devenus un empire exceptionnel sur le globe. Malheureusement, il semble que le meilleur soit maintenant parti d'où je viens (l'Est)Je comprends comment et quand les empires se lèvent et tombent. Par exemple, les plus célèbres entreprises à ce jour sont la Compagnie Néerlandaise des Indes Orientales du XVIIème siècle (environ 10 trillions de dollars) et la Compagnie Britannique des Indes Orientales du XVIIIème siècle (environ 5 trillions de dollars) qui ont atteint leur sommet via le fouet (colonisation) et le vol de dollars à mes ancêtres. Elles ont perduré environ 200 ans chacune.

L'histoire provocatrice de leur ascension et de leur chute a piqué ma curiosité. Comment leurs histoires peuvent-elles se comparer aux entreprises dans l'état actuel des empires ? Il est devenu clair que le prochain empereur autoritaire frappe à notre porte pour une fois de plus nous coloniser économiquement (et numériquement), un peu comme ce qui est arrivé à mes grands-pères. Dans l'ère post-COVID, où la Chine est sur un mode extrêmement accéléré, je crains que nous soyons condamnés à tomber comme des mouches. En regardant l'histoire sanglante, je ne peux m'empêcher de me demander quel genre de « nouvelle normalité » nous attend.

The Gods Must be Crazy!

The Phoenix: Fall & Rise

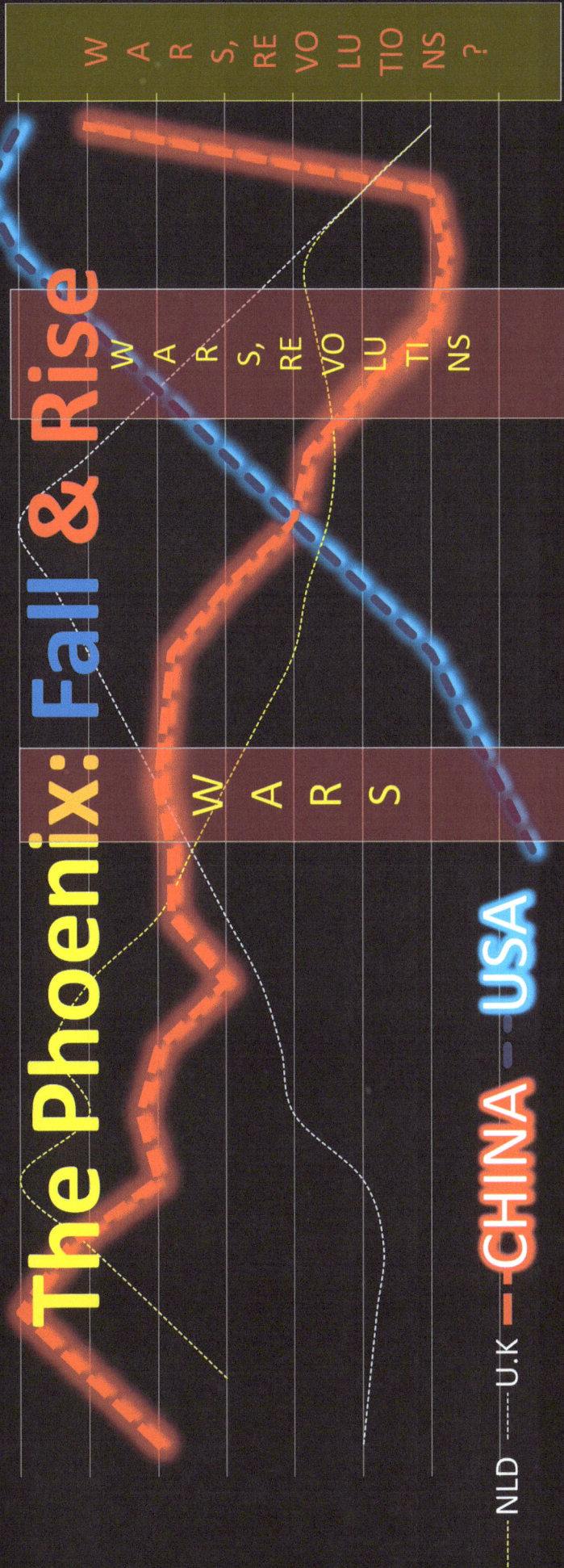

WARS, REVOLUTIONS?

WARS, REVOLUTIONS

WARS

----- NLD   ······ U.K   — CHINA   -- USA

1500 1525 1550 1575 1600 1625 1650 1675 1700 1725 1750 1775 1800 1825 1850 1875 1900 1925 1950 1975 2000

YEAR

Adapted Source Data: The Changing World Order by Ray Dalio

Et oui, nous sommes bien au milieu du nouvel ordre mondial

Et oui, nous sommes bien au milieu du nouvel ordre mondial

$INDU Dow Jones Industrial Average INDX
20-Mar-2020
— $INDU (Monthly) 19173.98
Volume 10,806,284,288

Open 25590.51 High 27102.34 Low 18917.46 Close 19173.98 Volume 10.8B Chg -6235.38 (-24.54%) ▼

© StockCharts.com

EPM
(Financial Engineering Era)

Dawn of Systems (IT)
(RIP Bretton Woods Gold Standard)

Origins of Enterprise
(Dow Jones)

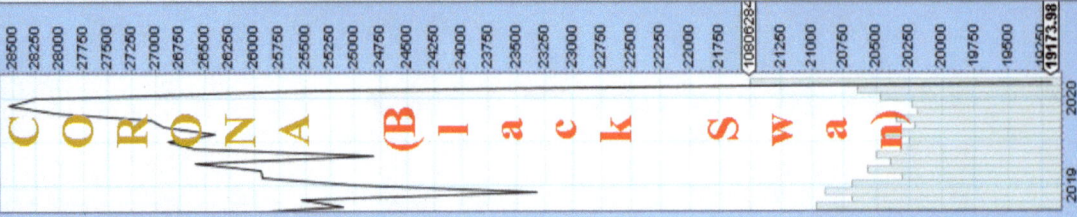

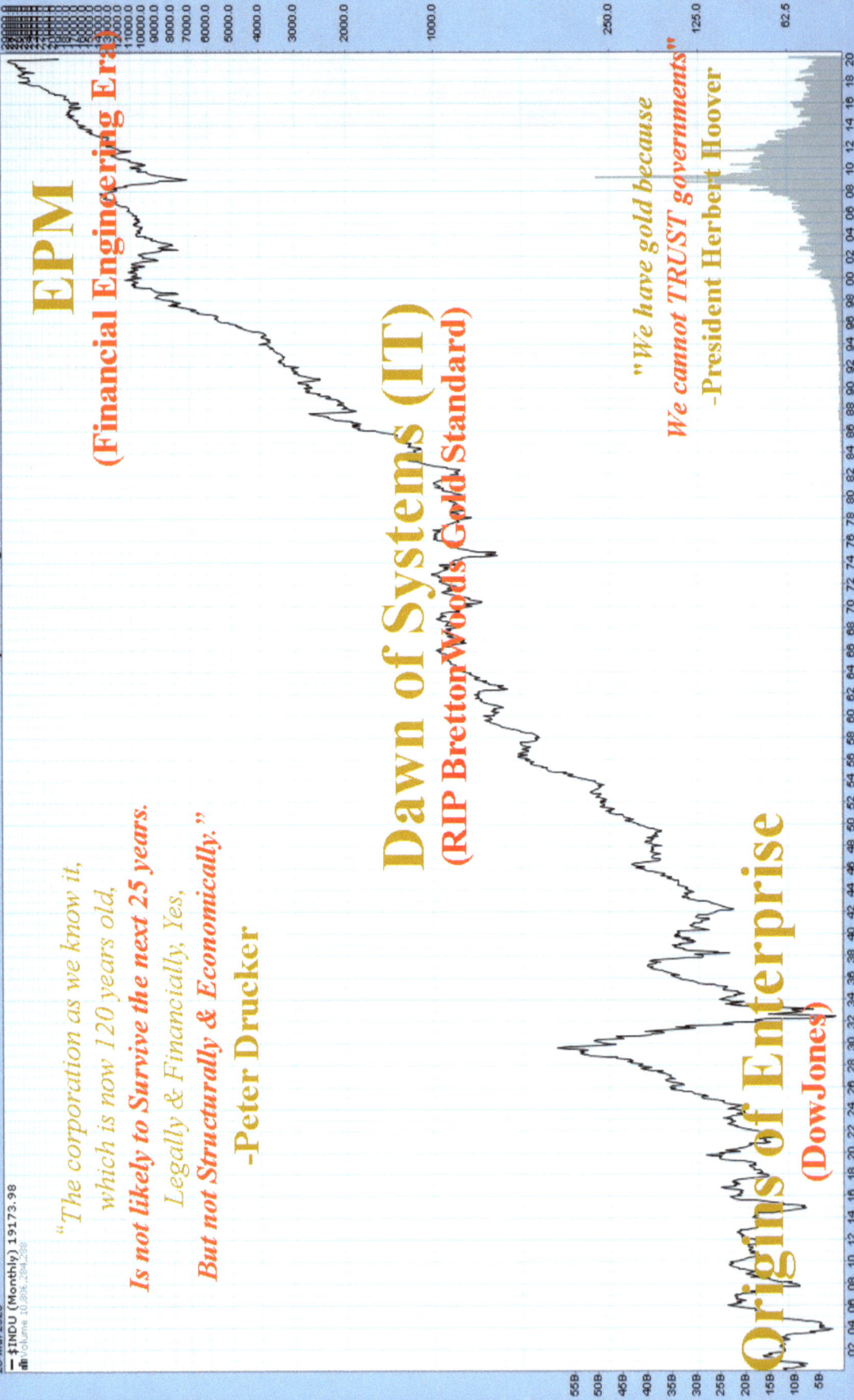

"The corporation as we know it,
which is now 120 years old,
Is not likely to Survive the next 25 years.
Legally & Financially, Yes,
But not Structurally & Economically."
-Peter Drucker

"We have gold because
We cannot TRUST governments"
-President Herbert Hoover

CORONA (Black Swan)

LE NOUVEL ORDRE DE L'ENTREPRISE

★ ★

Je vais tester mon hypothèse, en utilisant la prédiction de mon gourou bien-aimé de gestion en MBA, il y a deux décennies et demi :

« La société, telle que nous la connaissons, a maintenant 120 ans. Il est peu probable qu'elle survive au cours des 25 prochaines années. Légalement et financièrement, oui, mais ni structurellement, ni économiquement.»

——————— Peter Drucker, vers 2000 ———————

★ ★

« Tout royaume divisé sera dévasté, et aucune ville ou maison divisée ne subsistera ».
L'Art de la Guerre - Sun Tzu (476–221 Av. J.C.)

L'hypothèse, que j'ai développée depuis le dernier tsunami économique, repose sur l'indice Dow Jones et est la suivante :

Principes centraux de l'hypothèse

La survie de l'entreprise dépend du succès des écosystèmes qui l'entourent. Ces écosystèmes dépendent sans aucun doute de leur parrain, l'Empire. Je crois que la survie de l'Empire du parrain dépend de mesures particulières de la force, qui sont :

1. Le Leadership
2. L'enseignement des STIM (Sciences, Technologie, Ingénierie et Mathématiques)
3. La Recherche et la Technologie stratégique
4. L'Architecture de l'infrastructure
5. L'Architecture digitale
6. La Gestion du Savoir
7. La Diplomatie
8. L'Étalon-or comme monnaie mondiale
9. L'Électro-dollar
10. Le Capital financier
11. La Sécurité
12. Les grandes Stratégies et Règlements numériques transformateurs

La représentation ci-dessous montre les ascensions et les chutes des empires parrains qui se sont produites au cours des quatre derniers siècles:

The Gods Must be Crazy!
Typical Empire Rise & Fall

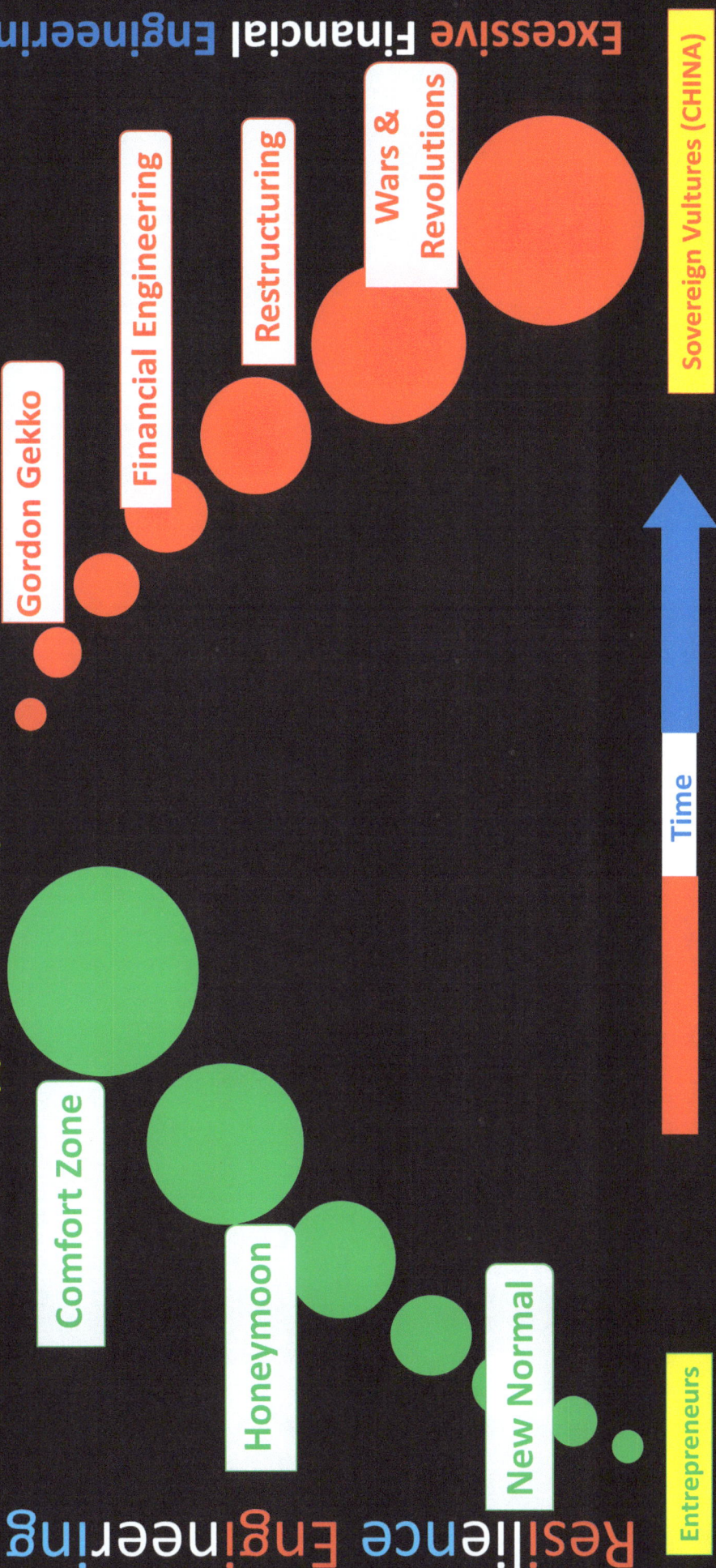

Excessive Financial Engineering

Resilience Engineering

Gordon Gekko

Financial Engineering

Restructuring

Wars & Revolutions

Sovereign Vultures (CHINA)

Comfort Zone

Honeymoon

New Normal

Entrepreneurs

Time

www.ERM.Materials.com

« *Considérez vos origines. Vous n'avez pas été créé pour vivre comme une brute, mais pour suivre la vertu et la connaissance* »

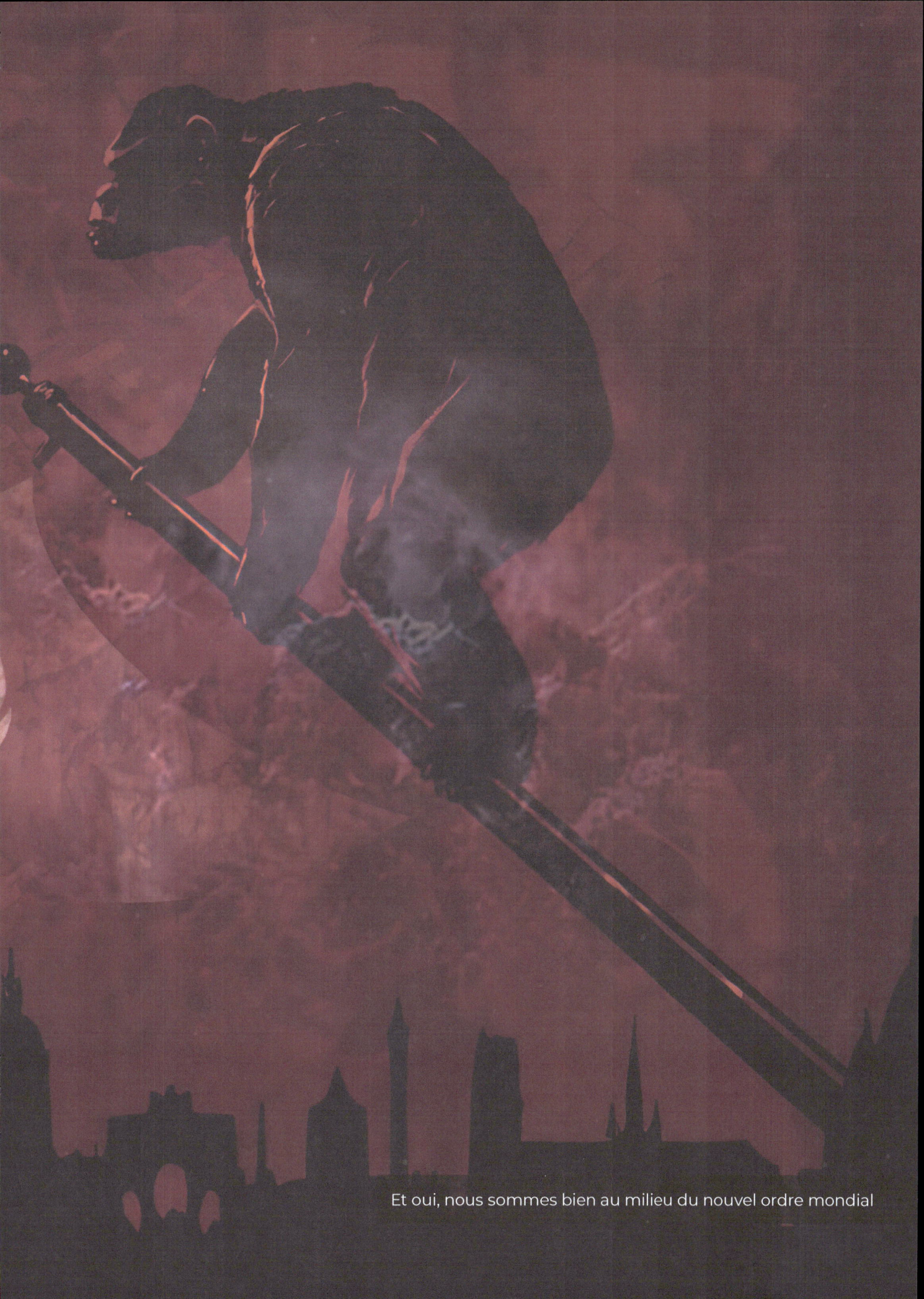

Et oui, nous sommes bien au milieu du nouvel ordre mondial

Au début d'un empire, il y a une période de lune de miel, d'harmonie tribale et de prospérité. Mais quand cet empire tombe dans sa zone de confort, il devient trop confiant et son mode de vie change. À mesure que son mode de vie change, il devient gourmand. La cupidité est le fondement du capitalisme, ce qui conduit à la période de capitalisme à effet de levier de Gordon Gekko[54] (l'icône de la cupidité extrême dans le film classique oscarisé « Wall Street »). Ce frisson de la balade de la bulle conduit à des niveaux de plus en plus élevés de testostérone. Un jour, la bulle éclate, et on commence à déformer la réalité (l'ingénierie financière). La distorsion de la réalité nous amènera à des changements tectoniques plus importants, puis nous commencerons à truquer les comptes grâce à l'assouplissement quantitatif[55]. Enfin, quand le tsunami économique frappera, il y aura des guerres et des révolutions. Tous les charognards se réuniront et décideront du nouvel ordre tribal ; C'est ce qui nous arrive actuellement.

Malheureusement, c'est la mi-temps, l'Amérique, et notre deuxième partie de jeu est sur le point de commencer[56]! J'espère sincèrement que si nous, à l'Ouest, jouons bien nos atouts, nous pourrons aussi exceller dans celle-ci.

« Considérez vos origines. Vous n'avez pas été créé pour vivre comme une brute, mais pour suivre la vertu et la connaissance »

Dante Alighieri

Nous avons un formidable dragon qui agite sa bouteille de champagne depuis deux décennies et qui, à l'ère post-COVID, attend impatiemment de faire sauter le bouchon. Le dragon chinois est sur une trajectoire ascendante, et nous tombons rapidement, ce qui ne fait qu'augmenter la menace. Si nous jouons nos cartes correctement, je crois sincèrement que nous pouvons au moins aplanir la courbe de notre déclin et éviter les transformations catastrophiques.

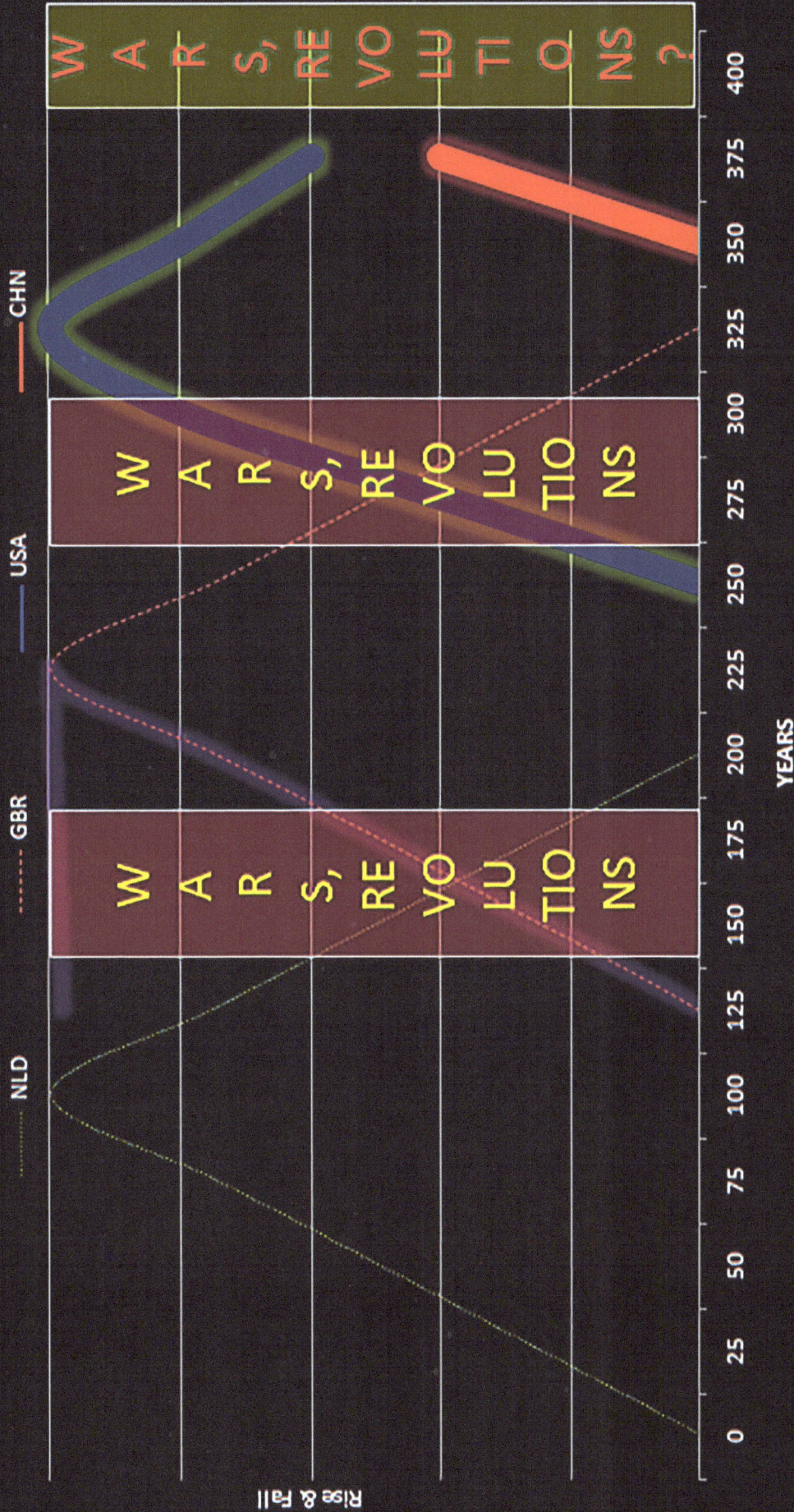

Gods Must be Crazy!
The Rise of the Dragon

Catacomb of Capitalism

NLD ·········
GBR ------
USA ——
CHN ——

WARS, REVOLUTIONS?

WARS, REVOLUTIONS

WARS, REVOLUTIONS

Rise & Fall

YEARS

0 25 50 75 100 125 150 175 200 225 250 275 300 325 350 375 400

Adapted Source Data: The Changing World Order, by Ray Dalio

Et oui, nous sommes bien au milieu du nouvel ordre mondial

Si Vis Pacem, Para Bellum

If you want Enterprise peace,

prepare for EPM Architectural war

PENSEZ DIFFÉREMMENT

(Image modifiée - Source : Photographie de l'Armée Américaine N° SC 194399)Jour J. Le Général Eisenhower (Président des USA (1953-1961), Commandant suprême des forces alliées en Europe de l'Ouest durant la Seconde Guerre mondiale).

« *MARTIN : Pékin est très médiatisé quant à l'aide qu'il apporte aux pays durement touchés par le coronavirus. Craignez-vous que la Chine ait commencé à utiliser la puissance douce d'une manière qui sapera encore plus l'influence américaine sur la scène mondiale ?*

GATES : Oui. Et elle a l'intention d'en faire plus. Et ce qui est pire, c'est que, comme le souligne le livre, nous avons affaibli tous les instruments de pouvoir autres que notre armée. La réalité est que si nous sommes chanceux et intelligents, nous n'aurons pas de conflit militaire avec la Chine, mais la guerre et la rivalité auront lieu dans tous les autres domaines, et c'est là que nous ne sommes pas préparés. Et nous n'avons pas de stratégie ».

Ex-Secrétaire américain à la Défense,
Robert Gates (NPR)

Et oui, nous sommes bien au milieu du nouvel ordre mondial

Un mélange d'Eleanor Roosevelt, de Franklin D. Roosevelt, et de Teddy Roosevelt (Avec la permission de la bibliothèque présidentielle Franklin D. Roosevelt et de la Collection de Théodore Roosevelt, Houghton Library, Université d'Harvard).

QUI A CONSTRUIT L'EMPIRE CAPITALISTE AMÉRICAIN ?

★★

Il nous incombe à ce stade d'examiner les origines de l'Empire américain. Les présidents américains occupent la fonction la plus formidable au monde, et jouissent d'une place unique à l'épicentre des événements nationaux et mondiaux. J'ai étudié tous nos présidents depuis 1900 pour découvrir les origines de notre empire. Qui étaient les empereurs de ces bons vieux jours, et quels étaient leurs principes directeurs ?

Ne doutez jamais qu'un petit nombre de citoyens volontaires et réfléchis peut changer le monde; en fait, cela se passe toujours ainsi.

—— Margaret Mead ——

★★

Le guerrier victorieux remporte la bataille, puis part en guerre. Le guerrier vaincu part en guerre, puis cherche à remporter la bataille.

L'Art de la Guerre - Sun Tzu (476–221 Av. J.C.)

J'ai découvert que les réponses avaient déjà été trouvées il y a un siècle. Le grand Empire capitaliste américain a été conçu par Roosevelt dans la première moitié du 20ème siècle. En tant que commandants en chef, les présidents sont irréfutablement les architectes les plus importants de l'histoire du monde. De façon indigne, cet empire a été systématiquement démantelé et défait du statut de puissance mondiale par Amerixit (une version américaine de talaq[57] autoproclamé - divorce en islam - similaire au Brexit). Les États-Unis doivent revenir au « Dust Bowl » (le bol de poussière) d'où Roosevelt sauva autrefois le capitalisme.

À la fin de la Seconde Guerre mondiale, les Roosevelt ont conçu une structure pour la paix et la prospérité du monde, qui s'est étendue aux 75 dernières années. Ils ont également jeté les bases de l'ONU, de l'OMS, de l'UNESCO, de l'UNICEF, des droits de l'homme et plus encore. Plutôt que de démanteler ces institutions et de glisser vers le IVème Reich, nous devons nous efforcer de les améliorer et de les rendre plus robustes.

En 1960, l'économie américaine, construite par Roosevelt, représentait environ 40% du PIB mondial. Elle est maintenant inférieure à 15% en PPP et s'enfonce rapidement. Pendant ce temps, la Chine est à plus de 20% [58] et est à plein régime. Il est temps d'apprendre des premiers architectes du capitalisme américain. Nous devons nous préparer à une guerre imminente et reconstruire notre économie avant qu'il ne soit trop tard.

Nous devons prier pour ramener le « Bon vieux New Deal » et de véritables leaders comme les Roosevelt (Theodore, Franklin et Eleanor). Il y a un siècle, dans les moments difficiles de l'histoire, ils ont dû faire face à des conflits semblables : la Première Guerre mondiale, la grippe espagnole, la Grande Dépression et la Seconde Guerre mondiale.

Nous devons chercher nos atouts dans le bol de poussière original des Roosevelt. Ces cartes étaient les mesures de la force (la liste suivante sont ces mesures, mais elles se sont adaptées à l'environnement actuel) :

1. Le Leadership
2. L'enseignement des STIM (Sciences, Technologie, Ingénierie et Mathématiques)
3. La Recherche et la Technologie stratégique
4. L'Architecture de l'infrastructure
5. L'Architecture digitale
6. La Gestion du Savoir
7. La Diplomatie
8. L'Étalon-or comme monnaie mondiale
9. L'Électro-dollar
10. Le Capital financier
11. La Sécurité
12. Les grandes Stratégies et Règlements numériques transformateurs

Théodore Roosevelt (Président républicain des États-Unis de 1901 à 1909):

« Prendre les mesures nécessaires, faire les choses » était son attitude envers toutes les situations, politiques ou autres.

The Gods Must be Crazy!

The Rise & Fall Measures of Empires

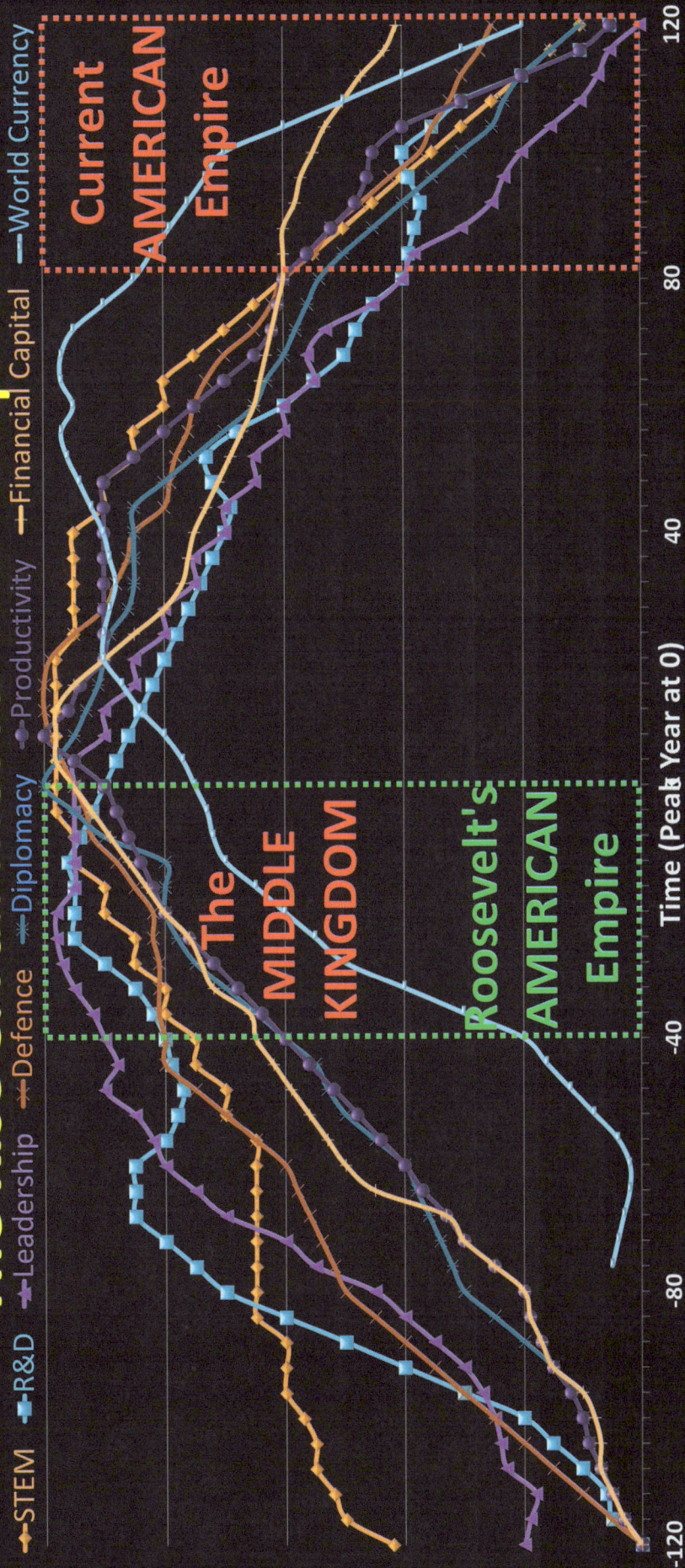

Legend: STEM · R&D · Leadership · Defence · Diplomacy · Productivity · Financial Capital · World Currency

Current AMERICAN Empire

The MIDDLE KINGDOM

Roosevelt's AMERICAN Empire

Time (Peak Year at 0)

-120 -80 -40 0 40 80 120

Theodore Roosevelt était le plus jeune président des États-Unis. Il était un pionnier du mouvement progressiste. Théodore s'est battu pour ses politiques nationales « Square Deal », assurant l'égalité moyenne des citoyens en brisant les mauvaises fiducies, développant les chemins de fer, la pureté des aliments et des médicaments. Il a fait de la protection de la nature une priorité absolue, et a établi de nombreux nouveaux parcs nationaux, forêts et monuments pour préserver les ressources naturelles du pays.

Du côté de la politique étrangère, Roosevelt se concentre sur l'Amérique centrale, où il entreprend la construction du canal de Panama. Theodore Roosevelt agrandit la marine américaine et envoie sa Grande Flotte Blanche, une nouvelle Force Navale, en tournée mondiale pour propulser la puissance maritime des États-Unis. Les efforts réussis de Théodore Roosevelt pour négocier la fin de la guerre russo-japonaise lui ont valu le prix Nobel de la paix en 1906.

Franklin D. Roosevelt *(Président démocrate des États-Unis durant 4 mandats, de 1933 à sa mort en 1945):*

A l'ère du Coronavirus, malgré la Loi sur la production de défense, (Defense Production Act[59]), nous avons encore du mal à faire quelque chose d'aussi essentiel mais nécessaire, que produire des masques. Franklin D. Roosevelt a géré la première année de très forte production du pays. Le calendrier ultra-productif a donné lieu à la fabrication de 45 000 aéronefs, 45 000 chars d'assaut, 20 000 canons antiaériens et 8 millions de tonnes de nouveaux navires.

Malgré sa poliomyélite à 39 ans, il est devenu président à l'âge de 50 ans. Il était notre Commandant en chef inébranlable, qui a dirigé ce pays à travers deux grandes catastrophes (la Grande Dépression et la Seconde Guerre mondiale). Il a été commandant en chef plus longtemps que tout autre président. Son héritage façonne encore notre compréhension du rôle du gouvernement et de la présidence.

La politique et la personnalité de Franklin D. Roosevelt ont établi l'étalon-or de la présidence moderne. Engendrant à la fois respect et mépris, il a exercé un leadership courageux pendant la période la plus tumultueuse de l'histoire de la nation depuis la Guerre Civile. Franklin D. Roosevelt a été élu lors de quatre élections présidentielles, ce qui est un record, et est devenu une figure charnière dans les événements mondiaux tout au long de la première moitié du 20ème siècle.

Au cours des épreuves de la Grande Dépression, en réponse à la pire crise économique de l'histoire des États-Unis, Roosevelt dirigea le gouvernement fédéral et exécuta son programme national « New Deal ». Le « filet de sécurité » gouvernemental qu'il a créé sera son héritage le plus incroyable et une source de controverse continue. Les universitaires le considèrent comme l'un des plus grands présidents de la nation après George Washington et Abraham Lincoln.

Eleanor Roosevelt

Elle était connue comme la « Première Dame du Monde ». Pendant plus de trente ans, elle a été la femme la plus puissante des États-Unis. Des millions de gens l'adoraient, mais son dossier au FBI était plus épais qu'une pile d'annuaires. Elle a courageusement parlé pour les droits civiques, et le KKK a mis sa tête à prix. Moquée par les médias, Eleanor a aidé Franklin D. Roosevelt à prendre le pouvoir et est devenue l'un de ses atouts politiques les plus précieux. Elle a persévéré, indifférente à l'assaut des satires, luttant inlassablement pour la justice sociale pour tous et jouant un rôle de premier plan dans la Déclaration des droits de l'homme des Nations Unies.

Franklin D. Roosevelt est entré à la Maison Blanche au milieu de la Grande Dépression, qui a commencé en 1929 et a duré environ une décennie. Afin de lutter contre le ralentissement économique, le président et le Congrès ont rapidement mis en œuvre une série d'initiatives de relance connue sous le nom de « New Deal ». En tant que première dame, Eleanor a voyagé à travers les États-Unis, où elle était les yeux et les oreilles de son mari, et lui rendait compte. Le Président Harry S. Truman l'a plus tard qualifiée de « Première dame du monde » en hommage à ses réalisations en matière de droits de l'homme.

Nous devrions revoir notre doctrine capitaliste fondatrice de l'époque Roosevelt :

« En ce moment dans l'histoire du monde, presque chaque nation doit choisir entre des modes de vie alternatifs. Le choix n'est que trop souvent pas libre. Le premier mode de vie est fondé sur la volonté de la majorité et se distingue par des institutions libres, un gouvernement représentatif, des élections libres, des garanties de liberté individuelle, la liberté d'expression et de religion, et pas d'oppression politique. Le second mode de vie est fondé sur la volonté d'une minorité imposée de force à la majorité. Elle repose sur la terreur et l'oppression, une presse et une radio contrôlées, des élections truquées et la répression des libertés individuelles. Je crois que les États-Unis doivent avoir pour politique de soutenir les peuples libres qui résistent aux tentatives d'asservissement par des minorités armées ou par des pressions extérieures.

....

Les germes des régimes totalitaires sont nourris par la misère et les pénuries. Ils se répandent et grandissent dans le mauvais sol de la pauvreté et des conflits. Ils atteignent leur pleine croissance quand l'espoir d'un peuple pour une vie meilleure est mort. Nous devons conserver cet espoir vivant. Les peuples libres du monde comptent sur nous pour les aider à maintenir leurs libertés. Si nous manquons à notre leadership, nous pouvons mettre en danger la paix du monde et nous mettrons sûrement en danger le bien-être de notre propre nation. »

La Doctrine de Truman 1947)

« Le chef habile soumet les troupes ennemies sans combat ; il prend leurs villes sans les assiéger ; il renverse leur royaume sans longues opérations sur le terrain.»

L'Art de la Guerre - Sun Tzu (476–221 Av. J.C.)

((source modifiée : Eleanor Roosevelt Franklin D. Roosevelt Presidential Library & Museum)

Le Sommet de Yalta en 1945, avec Churchill, Roosevelt et Staline

UNE PROPOSITION POUR REVIVRE L'ÉPOQUE DE ROOSEVELT

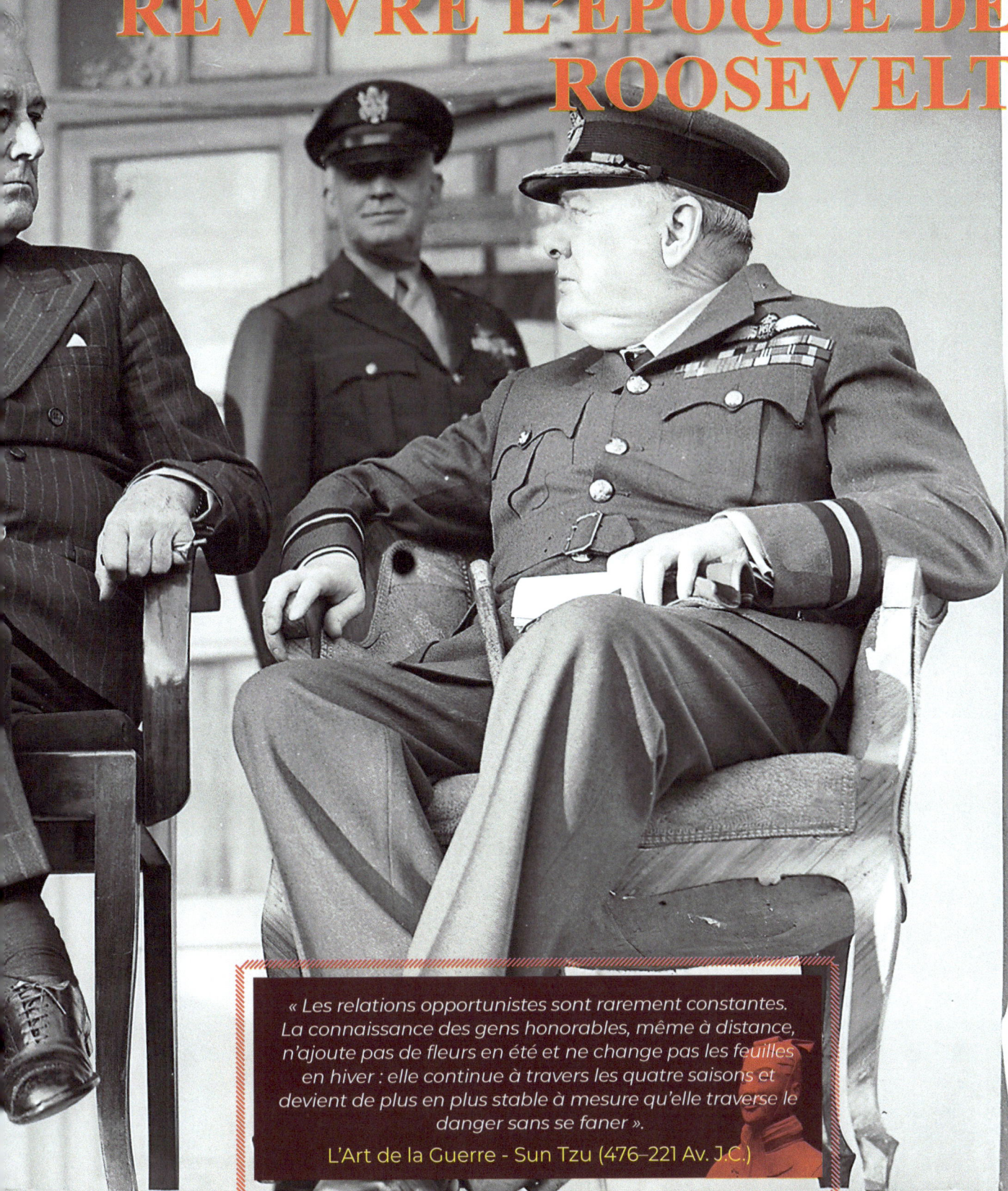

> « Les relations opportunistes sont rarement constantes. La connaissance des gens honorables, même à distance, n'ajoute pas de fleurs en été et ne change pas les feuilles en hiver : elle continue à travers les quatre saisons et devient de plus en plus stable à mesure qu'elle traverse le danger sans se faner ».
>
> L'Art de la Guerre - Sun Tzu (476–221 Av. J.C.)

Ma proposition porte sur les stratégies que nous avons soulignées plus tôt pour relancer les entreprises occidentales, qui sont les suivantes :

1. Le Leadership
2. L'enseignement des STIM (Sciences, Technologie, Ingénierie et Mathématiques)
3. La Recherche et la Technologie stratégique
4. L'Architecture de l'infrastructure
5. L'Architecture digitale
6. La Gestion du Savoir
7. La Diplomatie
8. L'Étalon-or comme monnaie mondiale
9. L'Électro-dollar
10. Le Capital financier
11. La Sécurité
12. Les grandes Stratégies et Règlements numériques transformateurs

Le graphique en radar ci-dessous représente une vue d'ensemble de la comparaison entre l'ère capitaliste de Roosevelt et l'Amérique d'aujourd'hui, avec une mise en parallèle des progrès réalisés par les Chinois. Les détails seront expliqués dans chaque section (veuillez me faire part de vos points de vue afin de pouvoir étoffer et mettre à jour ce graphique).

Grâce à l'appui de leur gouvernement, les entreprises chinoises colonisent le monde en exerçant une influence financière sur plus de 150 pays, avec au moins 10 trillions de dollars de diplomatie du piège de la dette, la prochaine génération de « Ceinture et Route de la Soie » et d'autres projets d'infrastructure de haute technologie.

Notre système capitaliste actuel du XIXème siècle est sous la direction du Comité d'Action Politique (PAC), des lobbyistes corrompus du marais (Washington DC), de la Private Equity de Gordon Gekko, et des pillards d'entreprises, dont beaucoup sont financés par la Chine. Le processus de prise de décision algorithmique de Wall-Street, basé sur Twitter, est une honte. Nos experts de l'entreprise seront bientôt déconnectés des réalités de 96% de l'humanité.

Ils vivent dans une tour d'ivoire et se concentrent uniquement sur une ingénierie financière excessive. Au cours de la dernière décennie, pratiquement aucune croissance de la productivité ou des ventes n'a été observée. Malgré cela, le Dow Jones a augmenté de plus de 250% sur la même période, en tout premier lieu grâce à l'ingénierie financière. Les stratagèmes d'enrichissement rapide ont dilapidé un bilan important, et maintenant les fondements du capitalisme tremblent.

Nous devrions modifier nos entreprises pour entrer dans le 22ème siècle, en apprenant le meilleur des Allemands et de l'Est (Singapour, Chine, Japon, Corée du Sud, etc.). Comme nous l'avons vu au cours des cinq derniers siècles, la survie de l'entreprise est liée à la montée et à la chute de ses empires parrains. Les ingénieurs de la résilience du parti communiste chinois dépensent stratégiquement des trillions de dollars pour impitoyablement éliminer de l'ingénierie financière, en particulier des inventions de la génération du 22ème siècle, un bon nombre de leurs maîtres capitalistes occidentaux. Les entreprises quasi-gouvernementales se sont libérées de l'héritage occidental des licences d'autorisation de Gordon Gekko et de leurs partenaires étrangers pour de meilleurs produits et services.

En résumé, pour nous libérer de nos nouveaux maîtres communistes autoritaires, nous devons doubler les investissements dans nos entreprises dans les domaines suivants :

The Gods Must be Crazy!
US vs China Competitiveness Dashboard
(Representative Example scores)

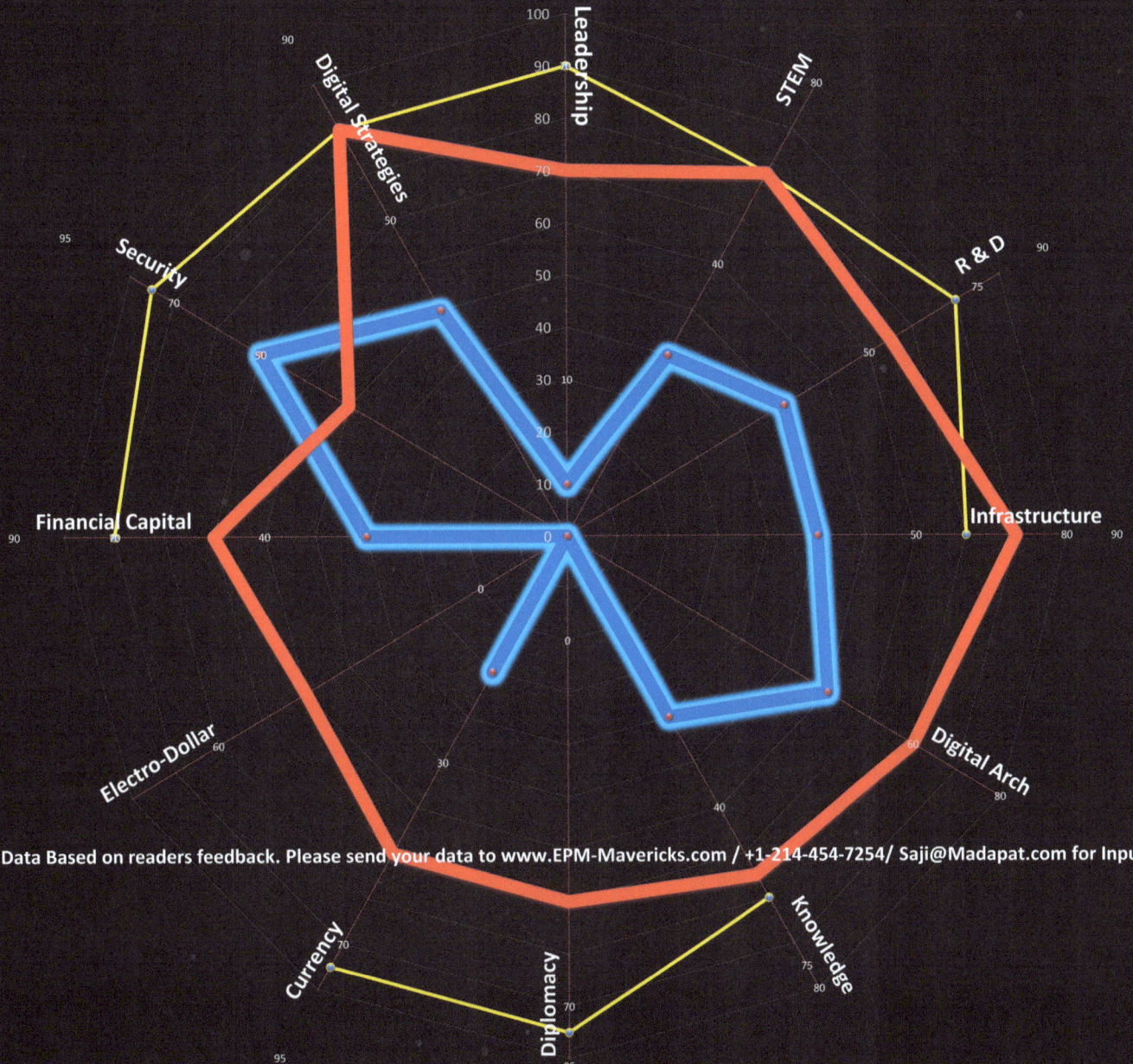

Roosevelt's USA   Current USA   CHINA

Data Based on readers feedback. Please send your data to www.EPM-Mavericks.com / +1-214-454-7254/ Saji@Madapat.com for Input

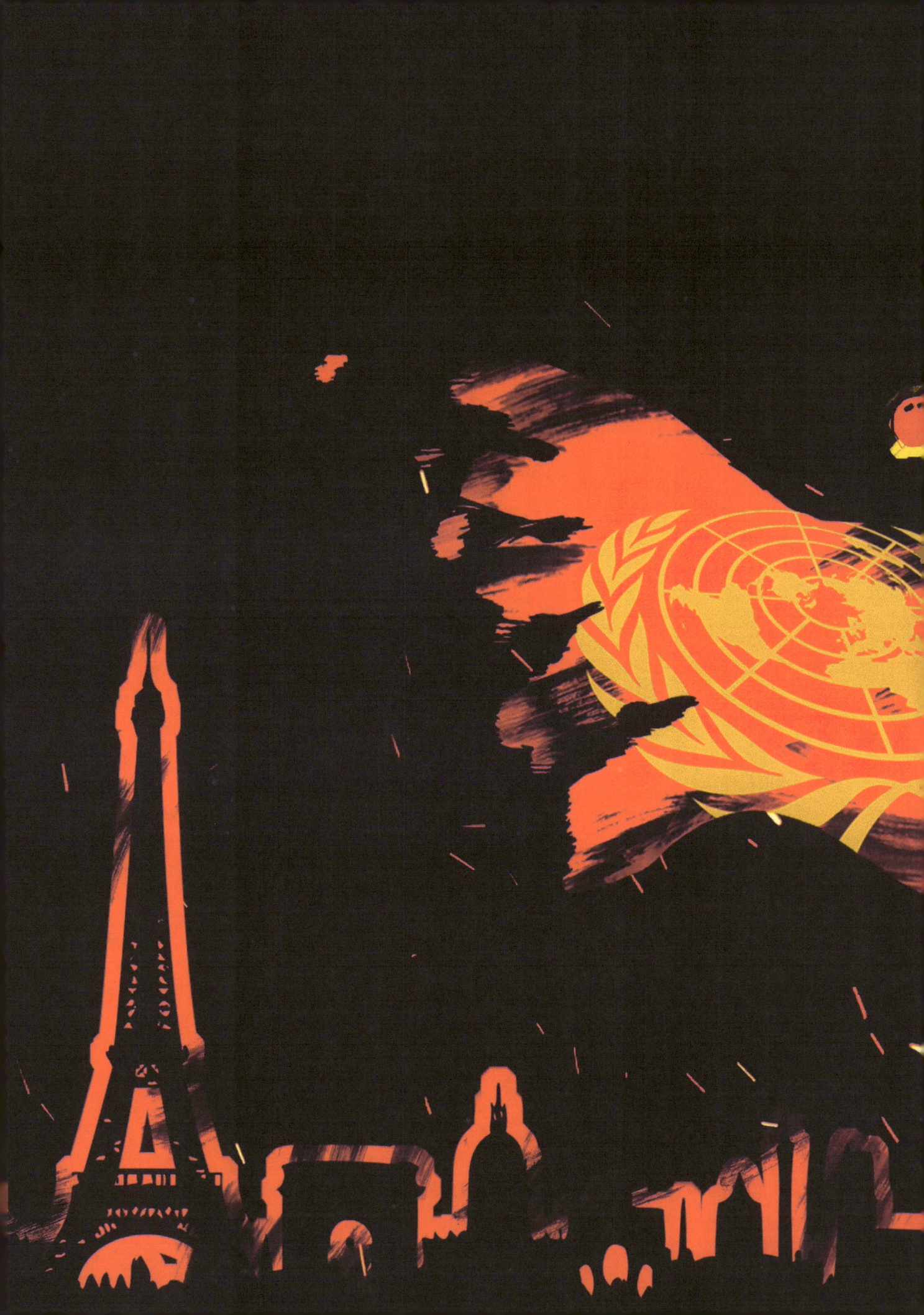

Et oui, nous sommes bien au milieu du nouvel ordre mondial

1. Le Leadership

> *« Le chef habile soumet les troupes ennemies sans combat; il prend leurs villes sans les assiéger ; il renverse leur royaume sans longues opérations sur le terrain. »*
>
> L'Art de la Guerre - Sun Tzu (476–221 Av. J.C.)

La Harvard Kennedy School dit « Alors que le PCC se prépare à célébrer le 100ème anniversaire de sa fondation, le Parti semble plus fort que jamais. Une plus grande résilience est fondée sur le soutien populaire à la politique du régime. » Ce document de recherche sur le Parti communiste chinois (PCC) est une série publiée par le Ash Center for Democratic Governance and Innovation de la John F. Kennedy School of Government de l'Université Harvard.

« Il y a peu de preuves pour appuyer l'idée que le PCC perd de la légitimité aux yeux de sa population. En fait, notre étude montre qu'en 2016, à travers une grande variété de mesures, le gouvernement chinois était plus populaire qu'à tout autre moment au cours des deux dernières décennies. En moyenne, les citoyens chinois ont déclaré que les prestations de soins de santé, de bien-être et d'autres services publics essentiels fournis par le gouvernement, étaient bien meilleurs et plus équitables que lorsque l'enquête avait débuté en 2003.

....

Il n'y avait donc aucun signe réel de mécontentement croissant parmi les principaux groupes démographiques de la Chine, mettant en doute l'idée que le pays était confronté à une crise de légitimité politique. »

Université d'Harvard (Juillet 2020)

« Aujourd'hui, seulement 17 % des Américains disent qu'ils peuvent faire confiance au gouvernement de Washington pour faire ce qui est juste. « À peu près toujours » (3 %) »

Pew Research Center
(Confiance du public envers le gouvernement : 1958-2019)

Comme l'histoire tend à se répéter avec une vengeance, nous devons avoir un leadership résilient, comme les Roosevelt, pour gérer notre empire et nos entreprises. Il est grand temps que des leaders comme Franklin D. Roosevelt émergent. Des leaders qui peuvent transformer la maladie de la COVID-19 en un appel au courage, à la ténacité et à l'espoir. Roosevelt était le leader le plus exceptionnel des États-Unis. Il nous a mis à l'avant-garde de l'histoire mondiale en jetant les bases du capitalisme et de l'entreprise moderne. Nous devons prier pour des chefs visionnaires, tels que les Roosevelt, qui paveront la route de la rédemption vers l'avenir, pour nous ramener à la ville brillante sur la colline.

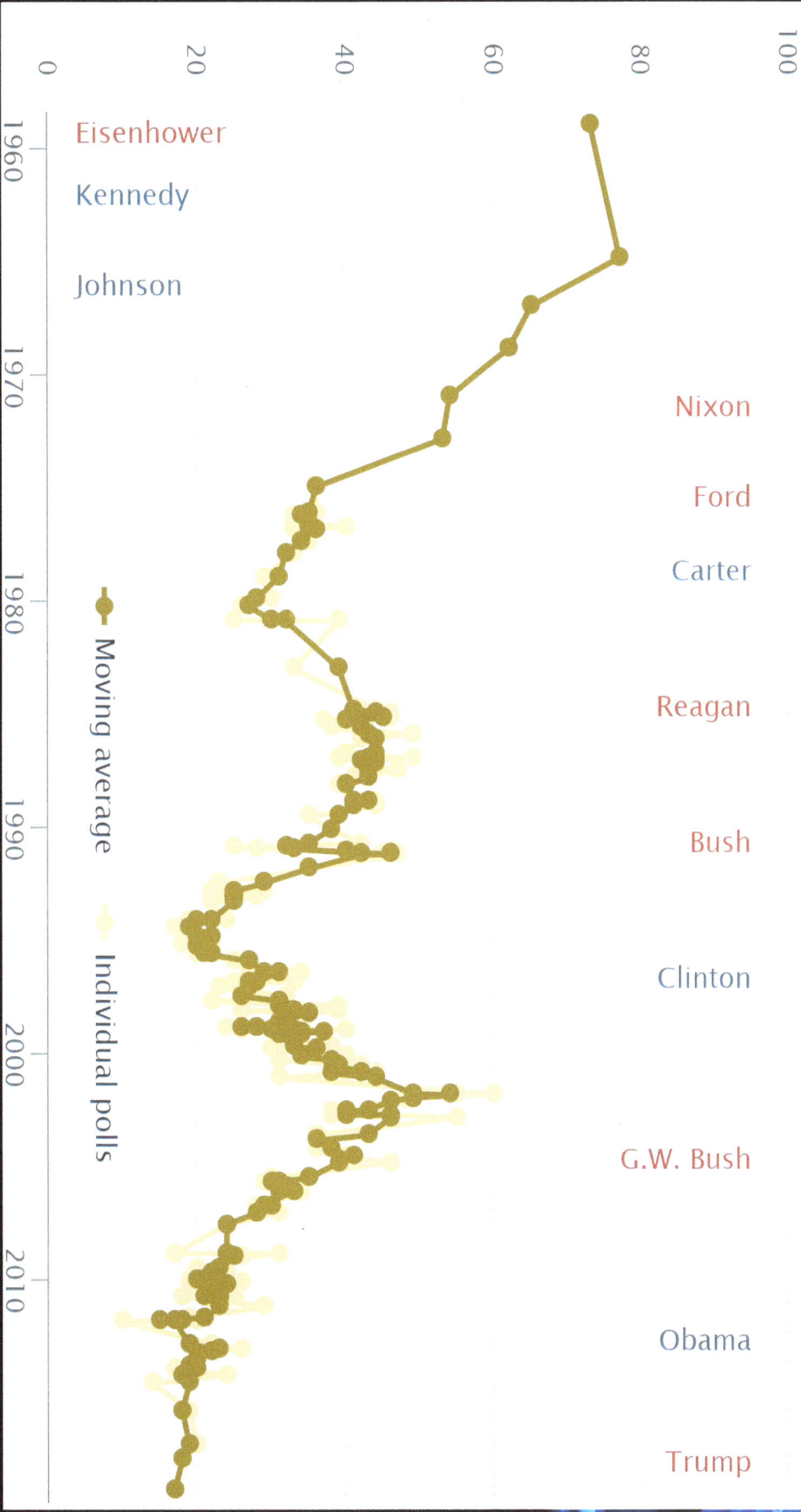

% who trust the govt in Washington always or most of the time

PEW RESEARCH CENTER

Eisenhower

Kennedy

Johnson

Nixon

Ford

Carter

Reagan

Bush

Clinton

G.W. Bush

Obama

Trump

Moving average

Individual polls

www.EPMMavericks.com

Winston Churchill accueille Joseph Staline avec le Président Roosevelt devant le Palais de Livadia pendant la Conférence de Yalta - Février 1945.

Alors que nous traversons la crise climatique existentielle, nous avons besoin de prophètes tels que Theodore Roosevelt, qui a reconnu l'importance de préserver ces biens que nous avons tant de chance d'avoir. Theodore Roosevelt a créé 150 forêts nationales, 5 parcs nationaux, 51 réserves fédérales pour les oiseaux, 4 réserves nationales pour le gibier et 18 monuments nationaux sur plus de 230 millions d'acres de terres publiques. Alors que nous entrons dans l'ère de Black Lives Matter, apprenons de la « Première Dame du Monde » (Eleanor Roosevelt), qui a redéfini la nation sur la base de nos efforts humanitaires et de notre lutte pour la justice sociale.

Plus tard, Franklin D. Roosevelt a été atteint de polio, ce qui l'a paralysé à partir de la taille, mais il a résisté à la maladie avec audace, persévérance et optimisme. En tant que commandant en chef, il a guidé notre pays pendant la Grande Dépression et l'a mené à travers la crise bancaire. Comme cela s'est produit pendant la Grande Dépression, nous sommes maintenant confrontés à une reprise économique qui dépend de millions de décisions complexes, prises par des millions d'intervenants dont la plupart ont des intérêts personnels. Alors que les gens avaient perdu confiance dans l'institution et ses systèmes, Franklin D. Roosevelt a résolu la crise financière en rétablissant la confiance dans l'appareil.

Nos dirigeants doivent apprendre de ces diplomates de bonne foi, qui ont établi des liens avec tous les intervenants au moment le plus critique de l'histoire. Grâce à sa persévérance et à son leadership, Franklin D. Roosevelt a reçu un soutien et une coopération inégalés du Congrès pendant la Grande Dépression et la Seconde Guerre mondiale. Il a travaillé avec Winston Churchill et d'autres dirigeants dans le monde, pour jeter les bases des Nations Unies et de nombreux autres forums mondiaux, ce qui nous a apporté plus de 75 ans de paix et de prospérité. Pendant la Seconde Guerre mondiale, il s'est même associé avec le communiste Joseph Staline, pour vaincre l'axe du mal.

Il a maîtrisé l'art du compromis et de la diplomatie, qui font aujourd'hui cruellement défaut à Washington et dans le monde géopolitique. Il a relié les hommes et les femmes de la nation et du monde avec ses conversations au coin du feu.

Quand des épreuves et des tribulations fondamentales menacent notre empire et les rivages sablonneux de nos architectures d'entreprise, nous avons besoin de leaders comme les Roosevelt, qui peuvent reconstruire et nous guider vers la ville brillante sur la colline en :

1. Nous inspirant avec une vision, une stratégie et une feuille de route pour notre avenir
2. Nous guidant avec espoir et confiance, même si l'avenir est incertain
3. Prenant des mesures audacieuses avec détermination et réglant les problèmes
4. Collaborant avec toutes les parties prenantes et même négociant avec nos ennemis potentiels pour élaborer un plan d'action
5. Exécutant des décisions qui profitent à ceux qui font le plus grand bien, même si elles ne sont pas politiquement correctes

Il est grand temps d'analyser l'Empire du Milieu pour évaluer dans quelle mesure il joue bien ses atouts. Notre temps est compté. Pour notre Empire et nos entreprises, nous avons besoin de dirigeants nobles et intelligents, comme les Roosevelt, qui ont confiance en eux, sont déterminés, et font preuve d'une intégrité et d'une diplomatie sans lesquelles nous faillirons inévitablement.

2. L'enseignement des STIM (Sciences, Technologie, Ingénierie et Mathématiques)

> *« Une connaissance approfondie consiste à être conscient des perturbations avant les perturbations, du danger avant le danger, de la destruction avant la destruction, de la calamité avant la calamité. Une action forte consiste à former le corps sans être accablé par le corps, à exercer l'esprit sans être utilisé par l'esprit, à travailler dans le monde sans être affecté par le monde, à accomplir des tâches sans être entravé par des tâches ».*
>
> L'Art de la Guerre - Sun Tzu (476–221 Av. J.C.)

La qualité de l'éducation a constitué l'épine dorsale des empires à travers l'histoire. Une éducation forte est la colonne vertébrale de la croissance. D'après les résultats du test PISA de 2015, les États-Unis se classent déjà au 15ème centile le plus bas du monde développé.

Malheureusement, l'éducation publique et le financement scolaire sont les postes les plus faciles à réduire lors des coupes budgétaires, surtout après la COVID-19. L'éducation des STIM est la plus onéreuse de toutes et la proie la plus naturelle des restrictions budgétaires. De plus, la situation économique actuelle a donné lieu à des taux de chômage élevés, entraînant de l'instabilité dans les foyers et donnant lieu à des résultats scolaires médiocres, un manque d'opportunités et à une baisse des revenus. Ces facteurs développent un cercle vicieux qui conduit à des instabilités socio-économiques et géopolitiques dans le monde entier.

Dans le contexte politique actuel, l'éducation est devenue la dernière priorité. En plus des changements de politiques, pour relever ce genre de défis, nous devons chercher des solutions créatives, tels les partenariats entre la philanthropie, le gouvernement et les entreprises. Nous devons établir des partenariats public-privé similaires à l'enseignement et à la formation techniques et professionnels allemands (EFTP).

Comme à Singapour, en Allemagne, en Chine, au Japon, en Corée du Sud et en Inde, le gouvernement doit jouer un rôle de premier plan dans l'éducation publique. Le gouvernement devrait récompenser et reconnaître les enseignants en fonction de leur rendement. À l'heure actuelle, les États-Unis certifient beaucoup moins d'ingénieurs de premier cycle chaque année que la Chine ou même l'Inde.

Selon le rapport de 2018 de l'OCDE (Organisation de coopération et de développement économiques), les États-Unis dépensent plus pour les collèges que presque tous les autres pays. « Les dépenses par étudiant sont exorbitantes et n'ont pratiquement aucun rapport avec la valeur que les étudiants pourraient obtenir en échange.[60]» La décadence est à blâmer - appartements étudiants de fantaisie, repas coûteux, et « la manie pour les sports athlétiques ». Nous devons transformer le système d'éducation et établir des parte-

The Gods Must be Crazy!

The Future (Degrees) of Science & Enginering

Source: Educational statistics of OECD, NBS (China)

— China — United States — EU top 6

Y-axis (Thousands): 0, 200, 400, 600, 800, 1000, 1200, 1400, 1600, 1800, 2000

X-axis: Year

★★★

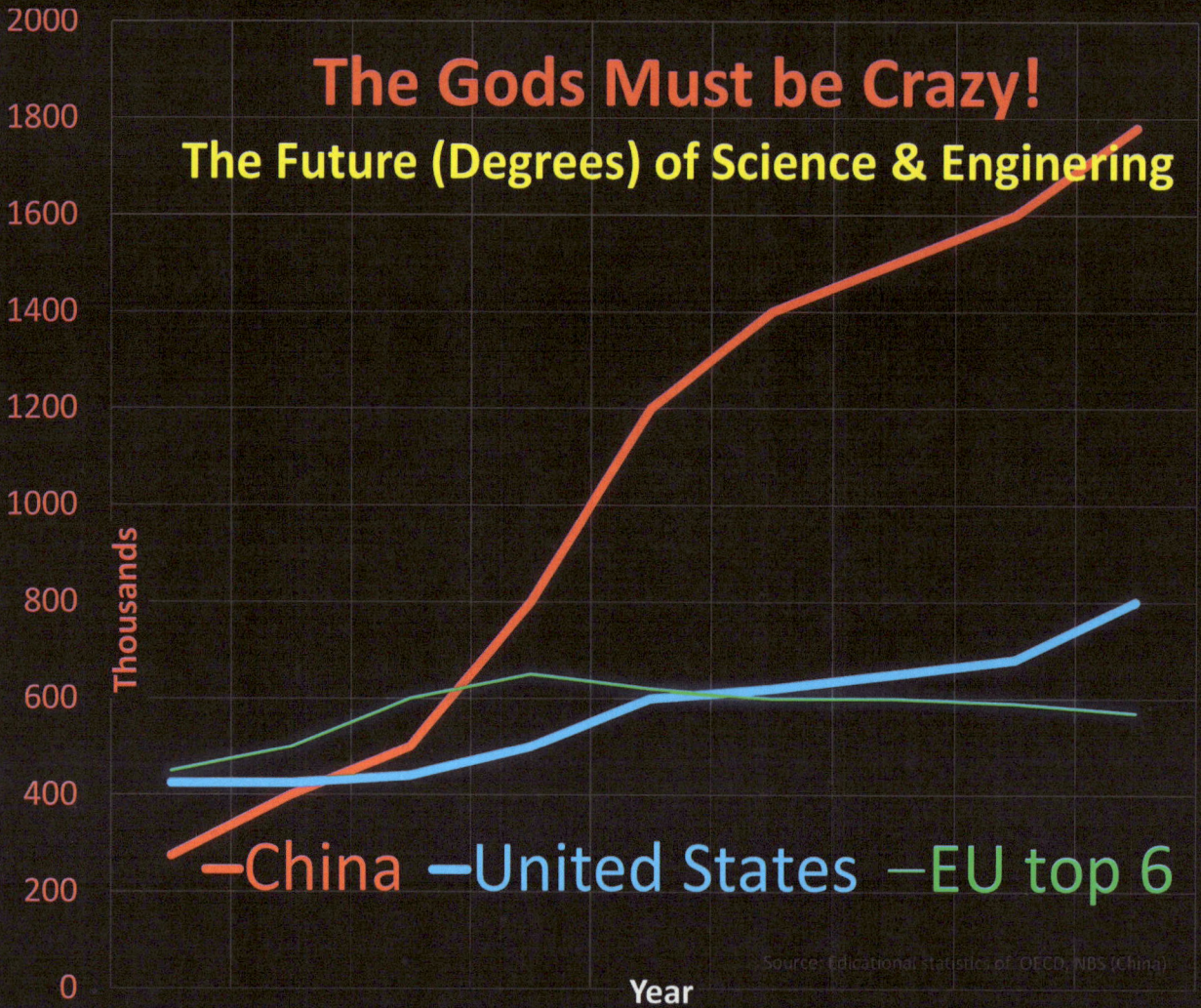

nariats avec des philanthropes, comme Bill Gates et Bloomberg, pour former et préparer la main-d'œuvre pour le 22ème siècle. À titre d'exemple dans l'informatique :

★ Les systèmes informatiques/business doivent évoluer de la phase transactionnelle → opérationnelle → prédictive et intégrer les analyses informatiques des ordinateurs de l'intelligence artificielle (Automatisation robotique dans le cloud)

★ En plus de l'informatique, la comptabilité traditionnelle et beaucoup de fonctions liées aux affaires (surtout celles répétitives) sont sur le point d'atteindre l'automatisation via les robots de l'intelligence artificielle dans le cloud

Notre personnel doit être prêt pour l'IA, car l'automatisation robotique et l'IA seront des maux nécessaires à la productivité et à la croissance économique. Des millions de personnes dans le monde devront changer de profession ou améliorer leurs compétences. Mckinsey estime qu'entre 400 et 800 millions de personnes pourraient être déplacées par l'automatisation et devraient trouver de nouveaux emplois d'ici à 2030. Sur le total des personnes déplacées, 75 à 375 millions pourraient devoir changer de catégorie professionnelle et acquérir de nouvelles compétences.

3. La Recherche et la Technologie stratégique

> *Qui connaît l'autre et se connaît lui-même, peut livrer cent batailles sans jamais être en péril. Qui ne connaît pas l'autre mais se connaît lui-même, connaîtra une défaite pour chaque victoire. Qui ne connaît ni l'autre ni lui-même, perdra inéluctablement toutes les batailles*
>
> L'Art de la Guerre - Sun Tzu (476–221 Av. J.C.)

Est-ce que la compagnie la plus précieuse de l'Amérique a perdu son pouvoir de séduction ? Outre les rachats d'actions et le recyclage des anciens iPhones, le développement de technologies après les concurrents de l'Est, quelles innovations Apple a-t-il apportées au cours de la dernière décennie ? Apple semble être mort avec Steve Jobs.

Nos grandes start-up de la Silicon Valley s'aventurent, surtout à l'Est. Il semble que la Silicon Valley se soit également perdue en chemin.

> *« Le capital-risque et l'économie des jeunes entreprises technologiques sont en train de créer un dangereux « stratagème à la Ponzi à enjeux élevés » et un étrange ballon de Ponzi ».*

— Chamath Palihapitiya —

(Investisseur milliardaire et ancien vice-président de la croissance des utilisateurs sur Facebook)

Les Chinois sont à l'avant-garde de la technologie dans des domaines ordinaires tels que l'électronique, les machines, les automobiles, les trains à grande vitesse et les avions. Ils stimulent également les innovations technologiques dans des domaines émergents comme la 5G, l'énergie renouvelable, l'énergie nucléaire de pointe, les technologies de télécommunication de prochaine génération, les mégadonnées et les superordinateurs, l'intelligence artificielle, la robotique, la technologie spatiale et le commerce électronique.

En 2018, les Chinois ont déposé près de 50 % des demandes de brevet dans le monde, avec un record de 1,54 million de dossiers de haute technologie. Comparez cela avec les États-Unis, qui ont déposé moins de 600 000 demandes. En 2014, le nombre des dépôts de brevets en intelligence artificielle de la Chine a dépassé celui des États-Unis, et la Chine a depuis maintenu un taux de croissance élevé.

La plupart des dirigeants chinois sont des ingénieurs qui pensent d'un point de vue de la résilience et de la valeur stratégique à long terme, plutôt qu'à des raccourcis d'ingénierie financière à très court terme. Ils accordent la priorité et se concentrent sur les technologies à long terme du 22ème siècle, y compris l'intelligence artificielle, le cloud, l'analytique des mégadonnées, la chaîne de blocs et les technologies de l'information et de la communication (TIC).

À mesure que la Route digitale chinoise de la soie prendra de l'expansion, ces pseudo-entreprises auront un aperçu inestimable des données à l'échelle mondiale. Un peu à la façon dont les FAANG (Facebook, Apple, Amazon, Netflix et Google) utilisent l'agrégation de données en temps réel pour analyser le comportement des clients occidentaux. Associées au gouvernement chinois elles auront un accès privilégié à tous les sujets de l'Empire du Milieu, contrairement à leurs concurrents de l'Ouest. A travers la plateforme DSR, ces quasi-entreprises chinoises auront des privilèges extraordinaires dans les prochaines technologies d'avant-garde, comme l'IoT (Internet des Objets), l'IA (intelligence artificielle) et les véhicules autonomes, pour au moins les deux tiers du monde.

Malheureusement, aujourd'hui, à l'Ouest, les architectures et les technologies d'entreprise, qui existaient avant le WWW (World Wide Web), sont gérées par des ingénieurs financiers spécialisés, qui nous font prendre des vessies pour des lanternes. Leurs créations n'ont aucun rapport avec l'ère numérique. Comme dans le cas des Roosevelt, grâce à des partenariats public-privé, les universités devraient investir et soutenir les industries de base, un peu comme en Chine, au Japon, en Corée du Sud et en Allemagne.

4. L'Architecture de l'infrastructure

> *""Le général qui gagne une bataille a médité, calculé, avant de combattre...*
> *Le général qui perd une bataille n'a pas fait de calculs.*
>
> L'Art de la Guerre - Sun Tzu (476–221 Av. J.C.)

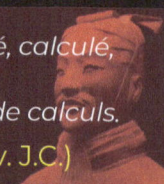

The Gods Must be Crazy!
The Future of Artificial Intelligence (AI Patent Applications)

Published patent application

— United States — China

Years of first publication

14000 12000 10000 8000 6000 4000 2000 0

1996 1999 2000 2001 2002 2003 2004 2005 2006 2007 2008 2009 2010 2011 2012 2013 2014 2015 2016 2017

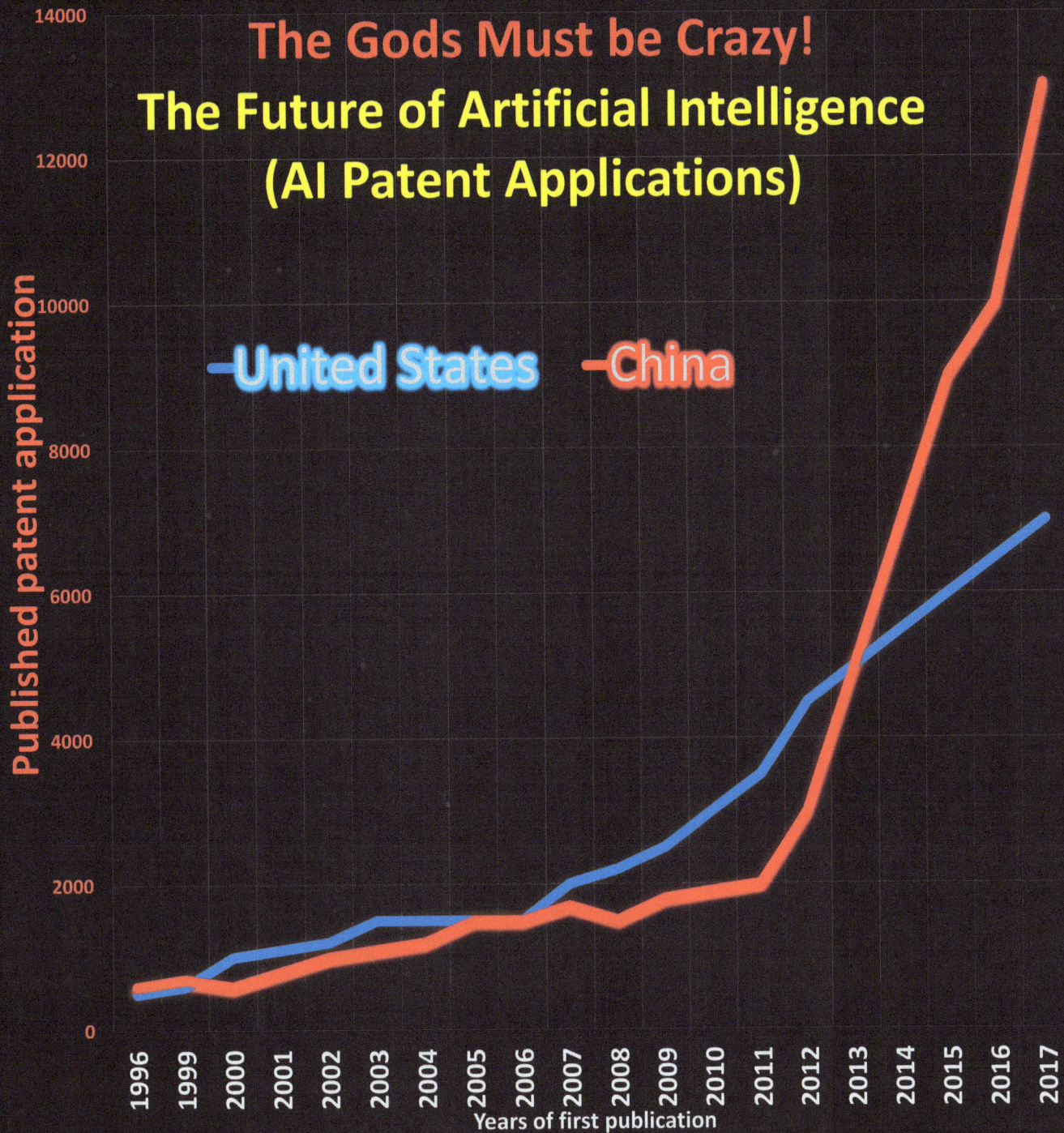

Pour survivre, nous devons rédiger une version moderne du « New Deal » que Franklin D. Roosevelt a mis en œuvre, il y a un siècle, dans des circonstances similaires. Tout comme lui, nous devons faire des investissements importants dans nos infrastructures délabrées.

Alors que la Chine cherche à coloniser économiquement, nous devons examiner notre version progressiste du Plan Marshall mondial pour contrer « la Ceinture et la Route » de la Chine ainsi que l'infrastructure technologique. .

Railroadlines
Under Construction

Railroadlines Existing

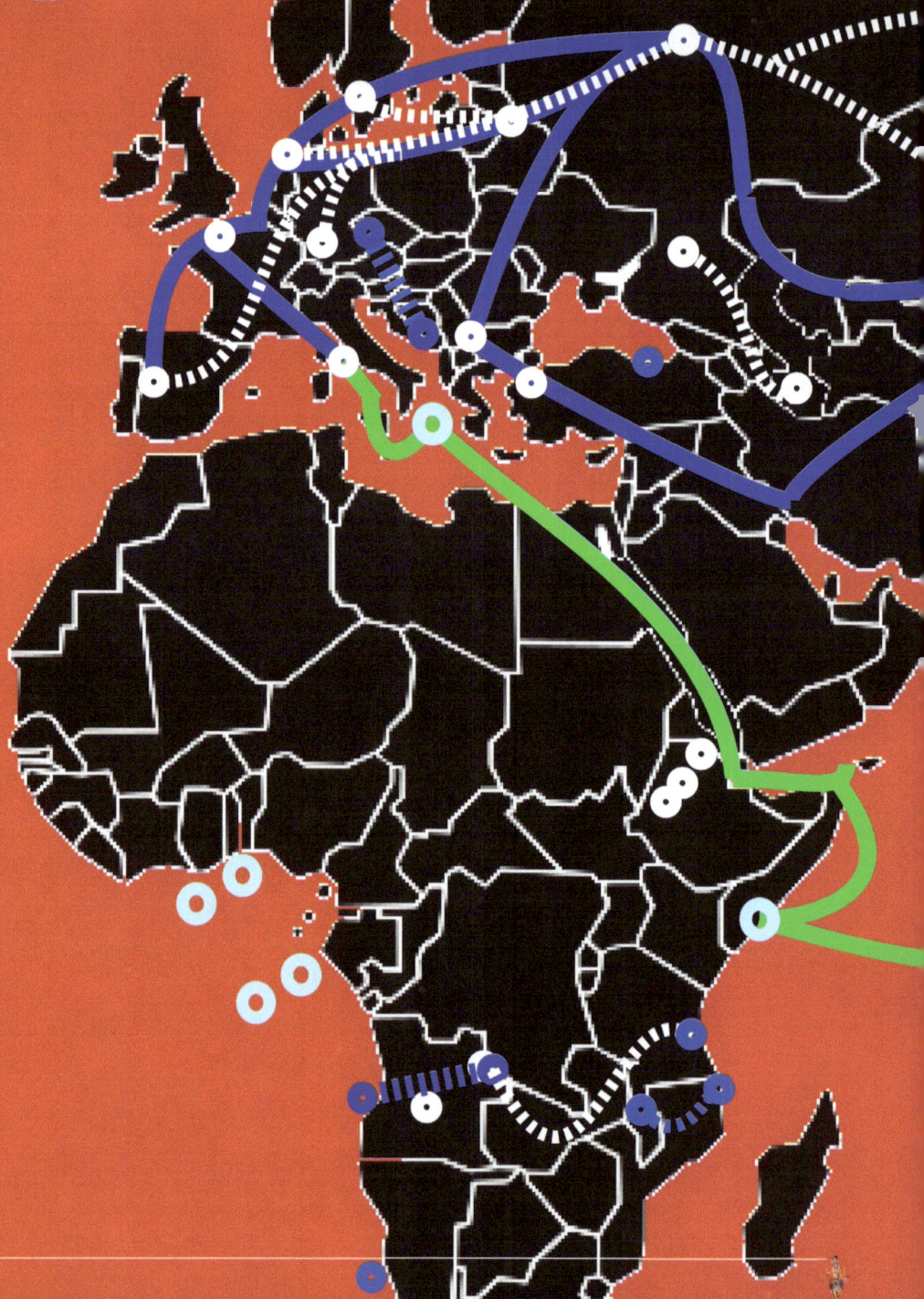

Les dieux sont tombés sur la tête !

Ports with Chinese Engament Existing

Ports with Chinese Engament Under Construction

- ★ Nous devons revigorer l'entrepreneuriat grâce à des partenariats public-privé et aux universités.

- ★ Le gouvernement devrait prendre des participations dans des entreprises stratégiques, et les aider

- ★ Le gouvernement devrait surveiller les sociétés de capital-investissement et les sociétés de capital-risque dans les industries sensibles, spécialement dans la Silicon Valley. La Chine investit massivement pour voler notre propriété intellectuelle, ce qui pourrait être une menace potentielle pour notre sécurité nationale.

- ★ Nous devons éliminer notre système d'immigration désuet et nous concentrer sur le mérite. Dans la haute technologie, bon nombre de nos chefs de file innovateurs sont le résultat d'une immigration de haut niveau.

- ★ Comme Roosevelt l'a fait, nous devons démanteler les monopoles et les sociétés "trop grosses/grandes pour faire faillite", qui sont des obstacles à l'innovation

« Les petites et moyennes entreprises (PME) représentent plus de 99 % du nombre total d'entreprises dans les pays où nous travaillons. Elles contribuent énormément à la valeur ajoutée et à l'emploi. »

Banque Européenne pour la Reconstruction et le Développement (BERD)

5. L'Architecture digitale

« Établissez des plans qui assureront la victoire, puis menez votre armée au combat. Si vous ne commencez pas par le stratagème, mais que vous ne comptez que sur la force brute, la victoire ne sera plus assurée. » « Que tes plans soient sombres et impénétrables comme la nuit, et quand tu bouges, tombe comme l'éclair. »

L'Art de la Guerre - Sun Tzu (476–221 Av. J.C.)

« Nous devons saisir les opportunités offertes par la numérisation industrielle et l'industrialisation digitale, accélérer la construction de nouvelles infrastructures telles que les réseaux 5G et les centres de données, et définir l'agencement des industries émergentes stratégiques ainsi que des industries futures comme l'économie numérique, la vie et la santé, et les nouveaux matériaux. »

Xi Jinping, Secrétaire Général du Parti Communiste de Chine

La Chine a déjà signé des accords spécifiques à la « Route de la Soie Numérique » avec de nombreux pays partenaires de l'initiative « La Ceinture et la Route » (CRI). La plateforme DSR est un cheval de Troie pour Pékin, qui vise à accroître son influence dans le monde entier, sans compétition. Il s'agit d'une porte dérobée numérique pour les entreprises technologiques chinoises, tels Huawei, Tencent et Alibaba, afin d'élargir leur empreinte commerciale mondiale et de torpiller leurs concurrents occidentaux. Alors que nous sommes coincés dans les guerres 2G/3G/4G, la Chine saute sur son mode d'expansion 5G et regarde maintenant vers la 6G. Il y a plus d'un an, la Chine a accordé des licences d'exploitation à China Mobile, China Unicom et China Telecom. En 2019, ces entreprises de télécommunications publiques ont commencé à déployer des réseaux 5G dans les villes de tout le pays. En 2019, à partir de 50 000 stations de base, la Chine avait déjà dépassé un demi-milliard d'abonnements à la 5G. Durant le seul premier semestre 2021, elle a ajouté au moins 190 000 nouvelles stations de base 5G .[61]

Carrier	5G subs total (millions)	New 5G subs in 2021 (millions)	5G base stations	New 5G base stations 2021	Total subscribers (millions)
China Mobile	251	86	501,000	111,000	946
China Unicom	121	42.2	460,000	80,000	310
China Telecom	131	44.5	460,000	80,000	362
Totals	503	172.7	1,421,000*	271,000	1,618

Source: https://www.theregister.com/2021/08/20/china_5g_progress/

La Chine possède ou participe actuellement à la construction d'environ 30 % des câbles en Asie et vise, sous peu, plus de 50 % des actions. Huawei 5G est plus avant-gardiste que les réseaux concurrents occidentaux, et commercialise son système à moindre coût au reste du monde. Le système chinois de navigation par satellite a plus de satellites que le système américain de navigation correspondant, GPS. Au moins trente des pays appartenant à l'initiative « La Ceinture et la Route » (CRI) ont déjà signé pour le réseau de navigation BeiDou.

Au-delà de la colonisation économique, alors que la Chine cherche à coloniser numériquement, nous devons examiner notre version progressiste du Plan Marshall numérique mondial pour contrer « La Ceinture et la Route » de la Chine et son infrastructure technologique.

Ce sera une tâche herculéenne pour les entreprises occidentales de rattraper les quasi-entreprises chinoises monolithiques financées par l'État comme Alibaba, Huawei, Tencent et ZTE, qui livrent des produits de pointe à un prix dérisoire, grâce à des subventions.

6. La Gestion du Savoir

> « Considérez vos soldats comme vos enfants, et ils vous suivront dans les vallées les plus profondes ; considérez-les comme vos fils bien-aimés, et ils se tiendront à vos côtés jusqu'à la mort. Si, cependant, vous êtes indulgent, mais incapable de faire sentir votre autorité ; cordial, mais incapable de faire exécuter vos commandes ; et, en outre, incapable de réprimer le désordre : Alors vos soldats doivent être assimilés à des enfants gâtés ; ils sont inutiles à toute fin pratique. »
>
> L'Art de la Guerre - Sun Tzu (476–221 Av. J.C.)

Ce dont nous avons besoin aujourd'hui, c'est de l'ingénierie de pointe, résiliente, et non de l'ingénierie financière qui ne sert qu'à gaspiller ce que nous avons déjà. La productivité des ressources de connaissance d'une entreprise, ses employés, est la clé de son succès. La gestion du savoir est sous le contrôle d'une

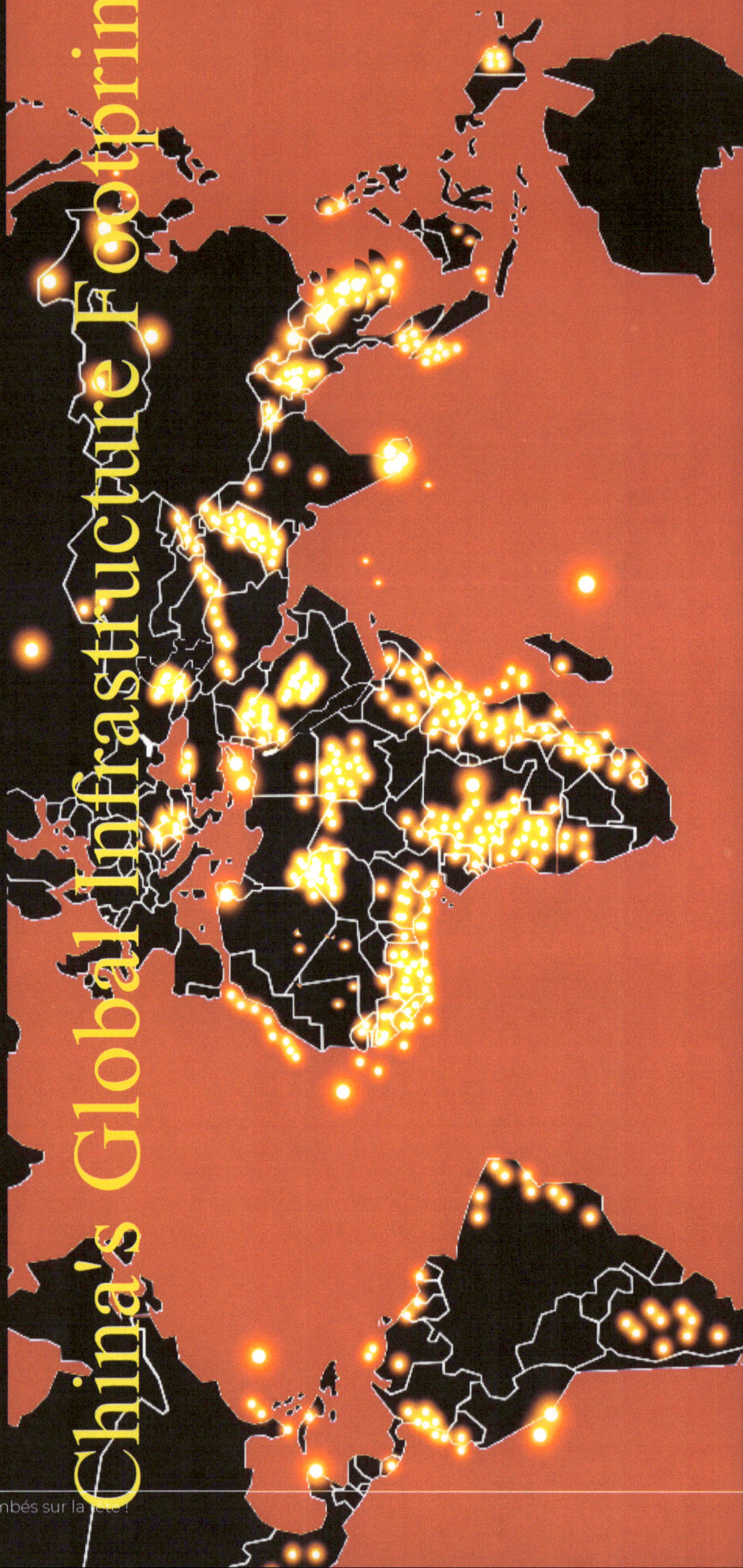

China's Global Infrastructure Footprint

culture de travail d'équipe, d'apprentissage et d'inventivité. L'autonomisation de l'équipe mène à l'entreprise du savoir, qui est le fondement de l'avenir de l'organisation. Malheureusement, dans le contexte actuel, les ressources du savoir sont les premières victimes. Elles reçoivent le même traitement que les centres de coûts des responsabilités, ce qui a entraîné le taux de chômage actuel d'environ quarante millions.

Les ressources du savoir constituent l'épine dorsale des entreprises, et non un passif.

> « L'habile employeur emploiera le sage, le brave, l'avare et l'idiot. Car l'homme sage se plaît à établir son mérite, l'homme brave aime montrer son courage dans l'action, l'homme avare est prompt à saisir les avantages, et l'homme idiot n'a pas peur de la mort. »
>
> L'Art de la Guerre - Sun Tzu (476–221 Av. J.C.)

La modélisation de Mckinsey montre que, d'ici 2030, jusqu'à 30 à 40 pour cent de tous les travailleurs dans les pays développés doivent accéder à de nouvelles professions ou améliorer considérablement leurs compétences[62]. Des transformations tectoniques sont en avance sur nous, dans environ 60% des emplois ; plus de 30% des activités constituantes vont s'automatiser. Heureusement, celle-ci laisse également entendre que les travailleurs qualifiés, qui sont en pénurie, se feront encore plus rares. La pandémie de COVID-19 accélère déjà un virage vers la numérisation et l'automatisation.

★ ★

Evolution of Knowledge Enterprise

"90% of the knowledge in the organization is in the heads of the people. Management spends75 % of their time on the knowledge that is written down."
- Bob Buckman

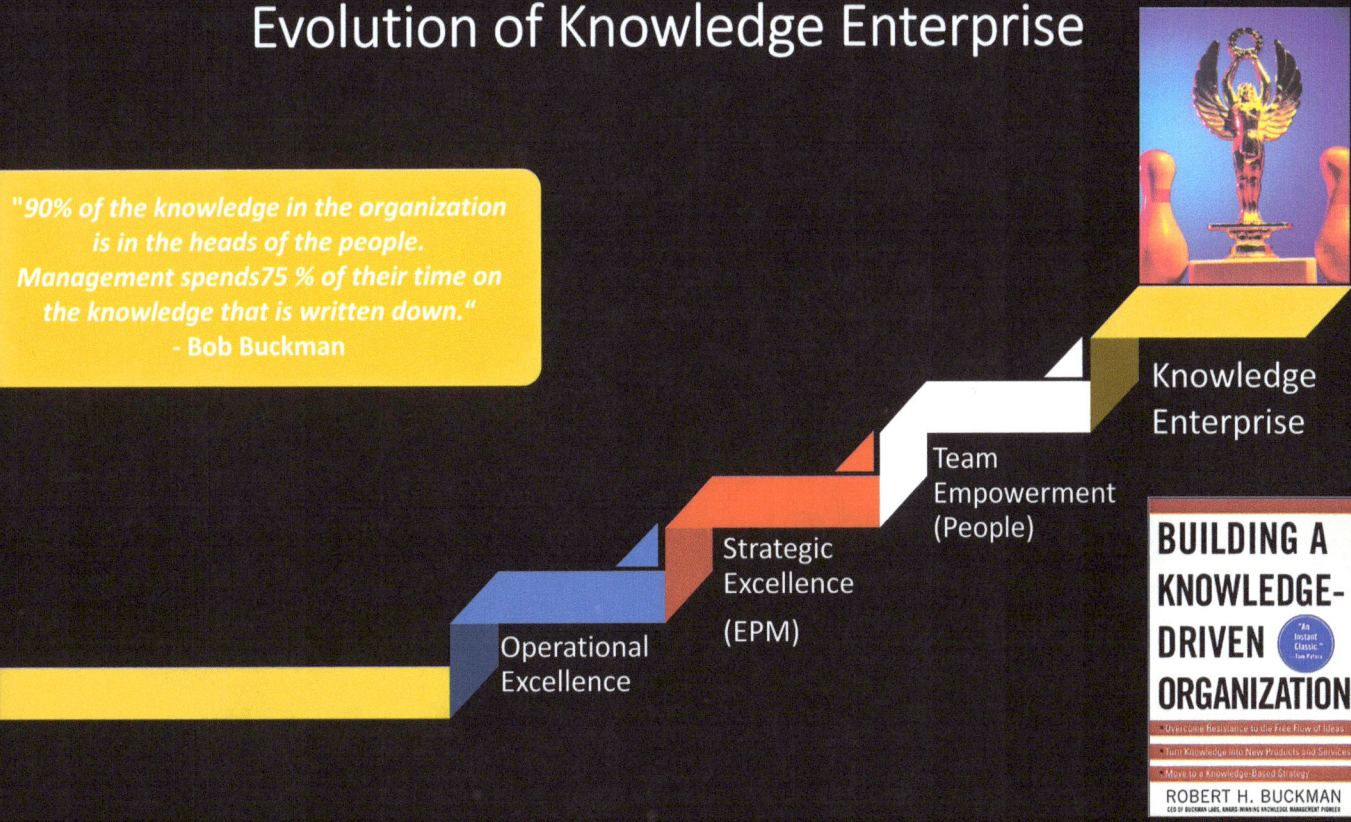

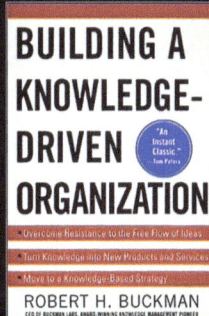

Operational Excellence

Strategic Excellence (EPM)

Team Empowerment (People)

Knowledge Enterprise

BUILDING A KNOWLEDGE-DRIVEN ORGANIZATION

ROBERT H. BUCKMAN

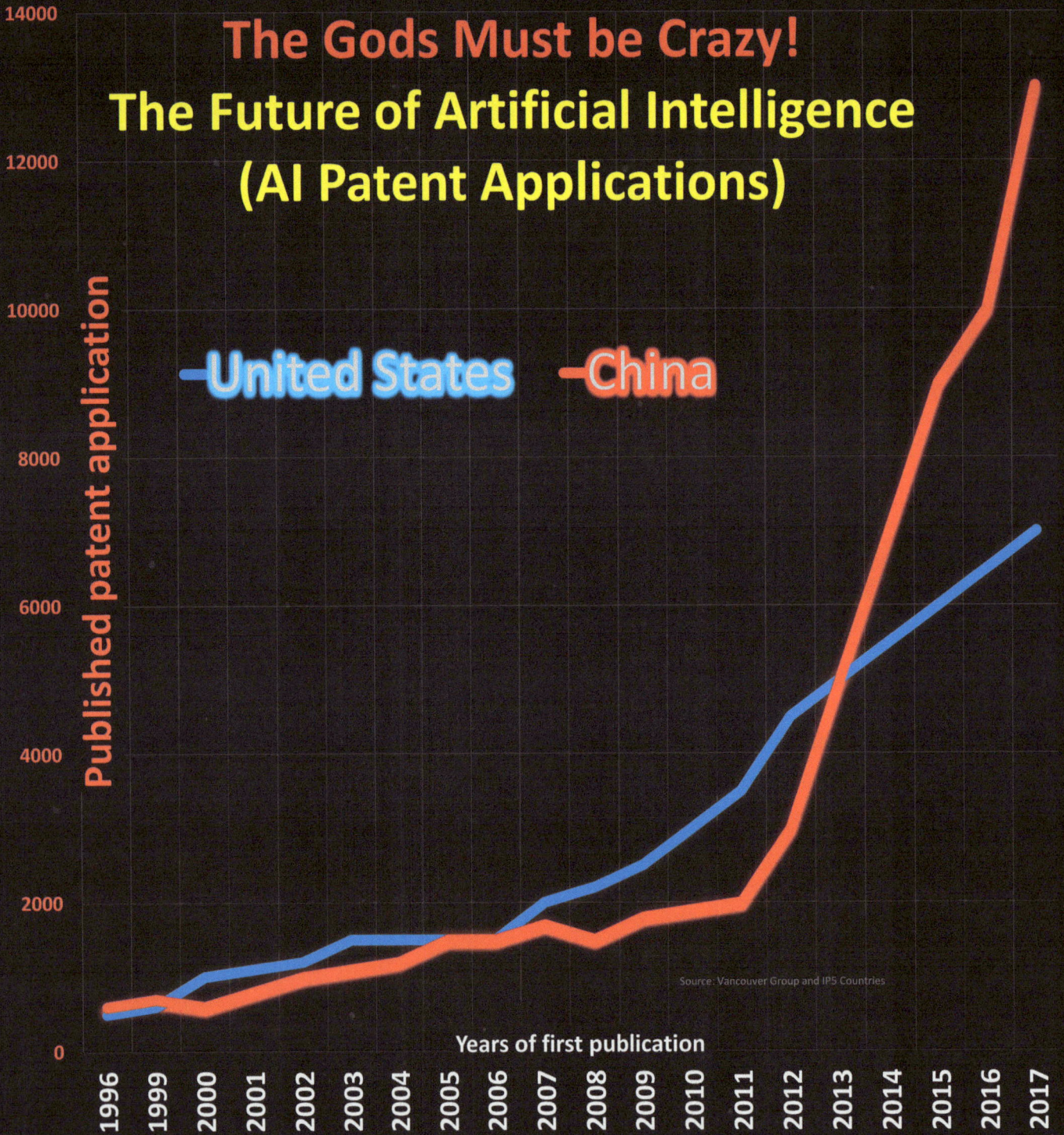

The Gods Must be Crazy!
The Future of Artificial Intelligence
(AI Patent Applications)

Published patent application

— United States   — China

Source: Vancouver Group and IP5 Countries

Years of first publication

Les États-Unis étaient le leader mondial du savoir dans tous les domaines, de l'agriculture à la santé, la défense, l'énergie et une foule d'autres secteurs. Malheureusement, comme le montre le graphique ci-dessous, les investissements fédéraux ont connu une longue et constante baisse du PIB. Cette disparition des investissements américains est la cause du ralentissement économique et stratégique. Pendant ce temps, la Chine accélère ses engagements et récolte les fruits.

7. La Diplomatie

> « *Soyez proche de vos amis et encore plus proche vos ennemis.* »
> L'Art de la Guerre - Sun Tzu (476–221 Av. J.C.)

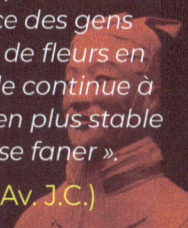

Aujourd'hui, nous devons construire des ponts diplomatiques et abattre les murs, pas les construire. Au lieu de se retirer et de laisser la Chine prendre l'initiative, nous devrions nous empresser de reprendre le flambeau, en réorganisant complètement nos alliances commerciales, telles que celles avec l'OMC, la Banque mondiale, le FMI, l'ONU et l'OMS, que Roosevelt avait établies immédiatement après la Seconde Guerre mondiale. Nous devons sécuriser le leadership du Partenariat transpacifique (PTP) et le préparer à prendre des mesures pour contrer la Chine. L'Accord de partenariat transpacifique est un accord commercial prévu entre l'Australie, le Brunei, le Canada, le Chili, le Japon, la Malaisie, le Mexique, la Nouvelle-Zélande, le Pérou, Singapour, le Vietnam et les États-Unis, qui est entré en vigueur en 2016. Malheureusement, l'administration précédente, sous le président Trump, a quitté ce partenariat en 2017, et la Chine a tiré profit du retrait américain.

Pendant les années Roosevelt, les États-Unis étaient le pays le plus respecté au monde, avec les positions d'investissement international les plus nettes (en pourcentage du PIB). Jusqu'aux années 1980, les États-Unis possédaient plus de biens étrangers que les étrangers ne possédaient de biens américains. Depuis les années 1990, du fait de leur style de vie décadent et coûteux, les États-Unis vendent leurs précieux actifs à des étrangers.

A partir de 2016, la Chine a été l'un des principaux partenaires commerciaux de la plupart des pays (124). Ce nombre est plus du double de celui des États-Unis (56). Les fonctions d'ambassadeur américain sont en vente auprès de riches donateurs. Les campagnes présidentielles typiques coûtent des billions de dollars, et tout est en vente pour les riches et les puissants. Nous dépensons environ 5 000% de plus pour le budget de la défense que pour le département d'État. Robert Gates (ancien secrétaire à la Défense) disait :

> « *il y a plus de fanfares militaires que de personnel diplomatique américain* ».« *Les relations opportunistes sont rarement constantes. La connaissance des gens honorables, même à distance, n'ajoute pas de fleurs en été et ne change pas les feuilles en hiver : elle continue à travers les quatre saisons et devient de plus en plus stable à mesure qu'elle traverse le danger sans se faner* ».
> L'Art de la Guerre - Sun Tzu (476–221 Av. J.C.)

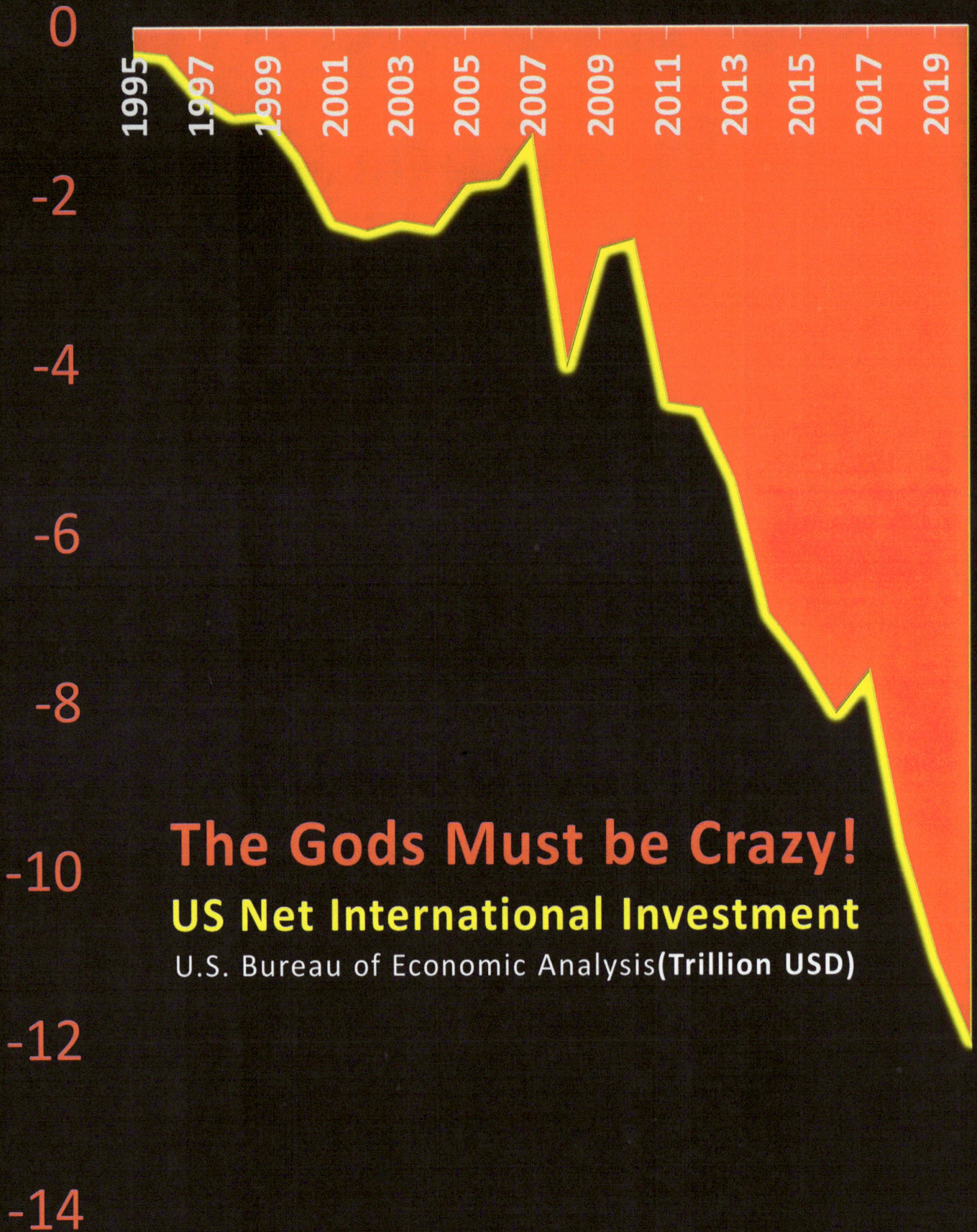

The Gods Must be Crazy!

US Net International Investment
U.S. Bureau of Economic Analysis **(Trillion USD)**

Les États-Unis étaient très puissants parce que le reste du monde nous faisait confiance comme gardiens des relations commerciales. C'est pourquoi, ils nous ont fait l'honneur d'avoir la presse à imprimer les devises de réserve. Si nous gaspillons ces relations commerciales, l'Empire du Milieu saisira bientôt ce privilège à son bénéfice.

Jusqu'aux années 1970, les États-Unis avaient de meilleures relations et exportaient plus de produits et de services qu'ils n'en importaient. Malheureusement, durant les deux dernières décennies, notre diplomatie commerciale a perdu son pouvoir de séduction, devenant un terrain de dumping isolé, en particulier pour la Chine, comme le montre le graphique ci-dessous.

8. L'Etalon-or comme monnaie mondiale

> « Créer une guerre gagnante, c'est comme équilibrer une pièce d'or contre une pièce d'argent. Créer une guerre perdue, c'est comme équilibrer une pièce d'argent contre une pièce d'or »
>
> Sun Tzu's The Art of War (476–221 BC)

Les devises de réserve donnent à nos entreprises le « privilège divin » d'emprunter plus d'argent à moindre coût. Cela nous permet également d'exercer un pouvoir énorme sur toutes les activités financières en dollars américains qui se déroulent à l'échelle mondiale, comme le contrôle des régimes en Iran, au Venezuela et en Corée du Nord.

Grâce à Roosevelt, le dollar américain est devenu la monnaie de réserve du monde en 1944. À l'époque, les États-Unis étaient le pays le plus influent sur les plans économique, financier et militaire. Cependant, la puissance élevée que donne la monnaie de réserve s'accompagne de responsabilités encore plus grandes. Il y a 75 ans, l'économie américaine représentait environ 40% du PIB mondial. Hélas, elle est aujourd'hui inférieure à 15% en PPA. Pendant ce temps, celle de la Chine s'élève à plus de 20%. Notre abus du privilège de gardien de la monnaie de réserve a gâché notre bienveillance. Nous devons réévaluer les méthodes actuelles, sinon les jours de notre empire seront comptés..

Heureusement, 79,5 % du commerce mondial se fait toujours en dollars américains, grâce à son statut de monnaie de réserve[63]. Au lieu d'en abuser comme outil politique et de l'imprimer sans limites, nous devrions d'abord regagner confiance dans le dollar américain en tant que monnaie de réserve, avant qu'il ne perde son statut au profit du Renminbi et de ses cryptomonnaies. Nous devons moderniser le FMI, la Banque mondiale et notre système bancaire en fonction de l'émergence des centres financiers chinois et de leurs cryptomonnaies.

Tout comme la langue universelle reste l'anglais, les monnaies de réserve ont tendance à avoir plus de pouvoir de maintien parce que l'habitude de leur utilisation dure un peu plus longtemps. Néanmoins, tôt ou tard, une fois que le reste du monde sera sensible au commerce du yuan chinois, ses paillettes s'estomperont. Facebook, tente aussi de coloniser numériquement ses accros avec son Electro-Dollar (la cryptomonnaie Libra).

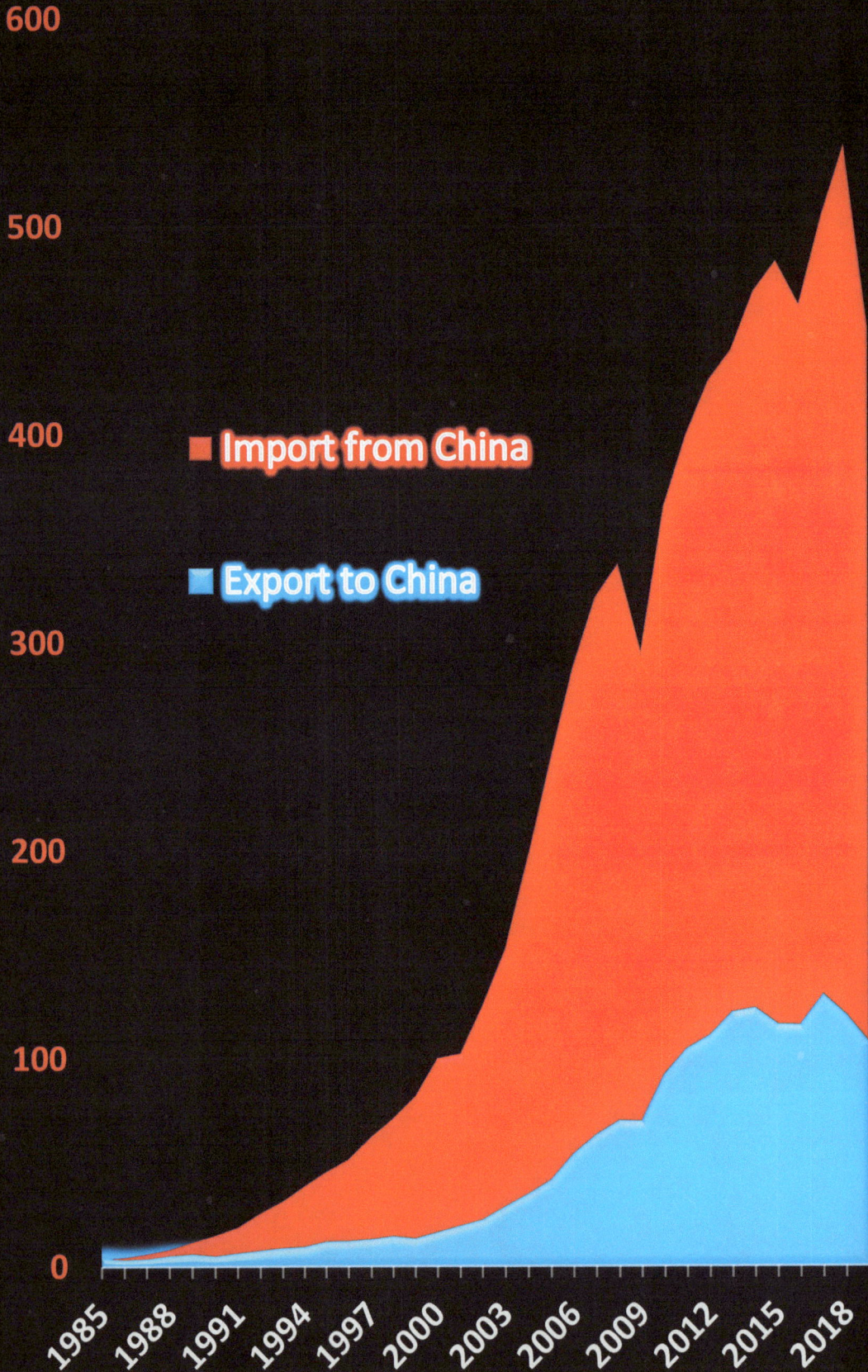

The Gods Must Be Crazy!
US Trade In Goods With China
U.S. Department of Commerce (Billion USD)

- Import from China
- Export to China

9. L'Électro-dollar

"Au milieu du chaos, il y a aussi des opportunités."
Sun Tzu's The Art of War (476–221 BC)

Depuis plus de 75 ans, les États-Unis contrôlent, directement et indirectement, la majeure partie des finances mondiales. Nous avons cette influence en raison du statut de réserve du dollar et de notre contrôle sur des institutions comme la Société de télécommunications financières interbancaires mondiales (Society for Worldwide Interbank Financial Telecommunication - SWIFT).

En 2019, le véhicule européen de titrisation (SPV) a mis en place des échanges commerciaux (INSTEX) pour faciliter les transactions qui n'étaient ni en dollars ni en SWIFT avec l'Iran, afin d'éviter de violer les sanctions américaines. INSTEX est une forme de système de troc qui permet aux entreprises de l'Union européenne, et potentiellement du reste du monde, de contourner le système financier des États-Unis en éliminant les paiements SWIFT transfrontaliers en dollars américains. Lorsque trois alliés importants, de longue date, des États-Unis (l'Allemagne, la France et le Royaume-Uni) font cela pour commercer avec l'Iran, il s'agit d'un tir d'avertissement dangereux. Nous devrions le reconnaître comme une menace, non seulement contre les politiques américaines, mais comme un signe avant-coureur de la fin du statut de monnaie de réserve du dollar. L'accord commercial entre la Chine et l'Iran peut également être établi en Renminbi (Yuan), et de nombreux autres pays, comme l'Inde, suivront bientôt cette voie. Bien que la Chine soit une société fermée, elle a une attitude d'entreprise ouverte, et elle étudie le système américain en profondeur avant de prendre ses mesures stratégiques. Il semble que notre société capitaliste ouverte se dirige vers une fermeture d'esprit extrême. Nous sommes irresponsables avec notre exceptionnalisme et notre manque total de réflexion stratégique à long terme. Il est grand temps que nous reconnaissions nos partenaires stratégiques qui nous ont aidés à devenir une superpuissance.

Depuis le tsunami économique de 2008, la Chine a perdu confiance dans les institutions occidentales et a commencé à chercher des solutions de rechange. Ils ont créé le Système de paiement interbancaire transfrontalier (CISP). La Chine a établi d'autres méga-institutions financières basées en Chine, telles que la Banque asiatique d'investissement pour les infrastructures (BAII) et la Nouvelle banque de développement (NDB, auparavant connue sous le nom de BRICS Bank) comme alternatives au FMI et à la Banque mondiale, tous deux fondés par les États-Unis. Les Chinois ont également développé des systèmes de paiement numérique plus avancés tels que WeChat et Alipay, qui comptent environ deux milliards d'utilisateurs actifs, et connaîtront une croissance exponentielle dès leur déploiement sur la plateforme DSR (Route de la Soie Digitale).

Pendant que nous luttions contre la COVID-19 et les troubles civils, les Chinois ont lancé le Blockchain Service Network (BSN). Ce « yuan digital » est le plus grand écosystème de blockchain du monde, faisant de la Chine la première grande économie à émettre un Électro-Yuan national (monnaie numérique). Le Blockchain Service Network (BSN) est connu comme l'infrastructure des infrastructures. Cet écosystème de blockchain, distribué sans autorisation, permet l'intégration verticale des mégadonnées, des communications 5G, de l'IoT industriel, de l'informatique dans le cloud et de l'intelligence artificielle. Cette technologie financière fournira également divers autres services de levier d'application. Le Blockchain Service Network (BSN) a été le but principal, en tant que nerf économique de la « Route de la Soie digitale » (DSR,) et a établi la plate-forme pour l'interconnectivité avec tous les partenaires de l'initiative chinoise « la Ceinture et la Route ».

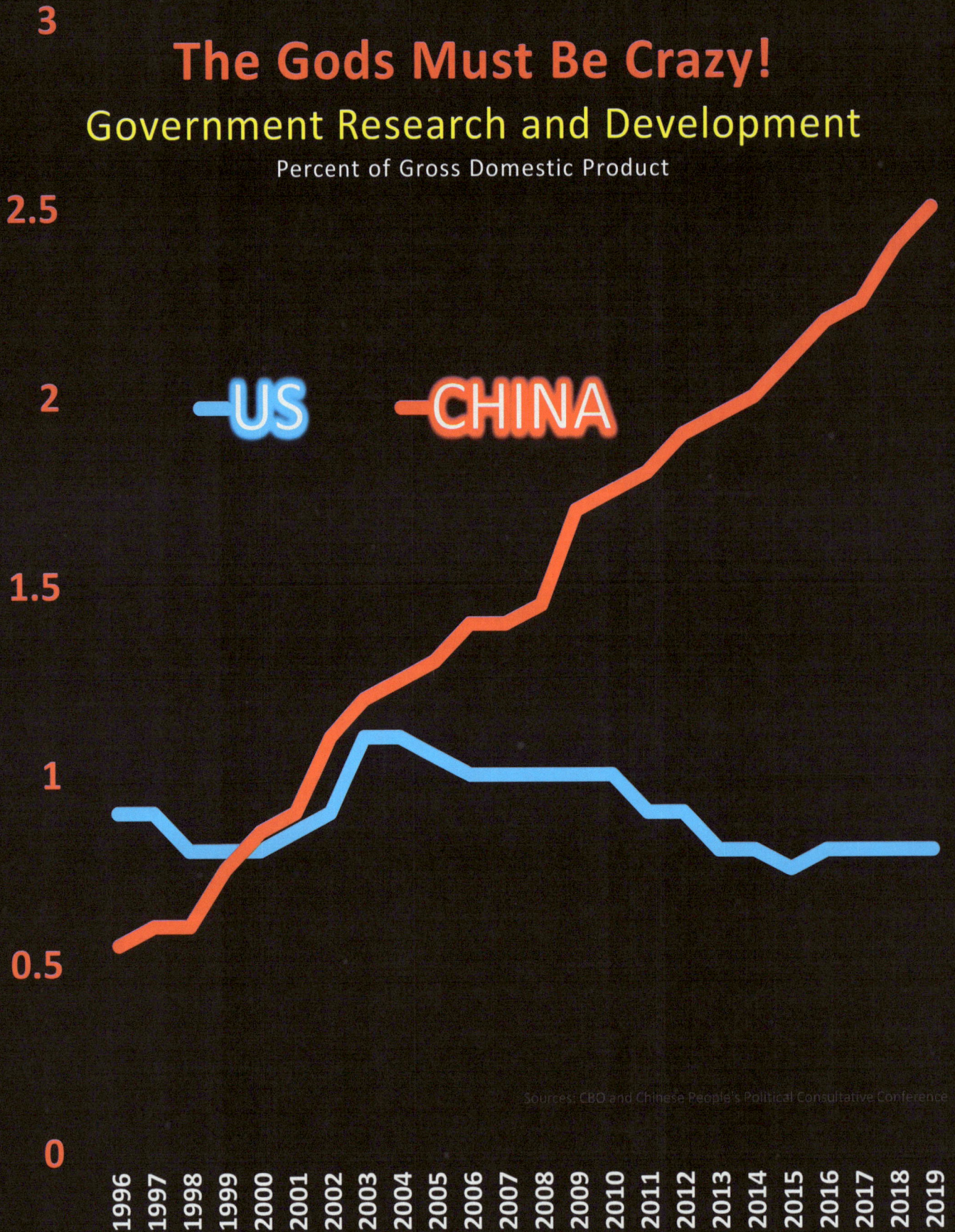

The Gods Must Be Crazy!
Government Research and Development
Percent of Gross Domestic Product

US CHINA

Sources: CBO and Chinese People's Political Consultative Conference

The Gods Must be Crazy!

Global Reserve Currencies since 1400

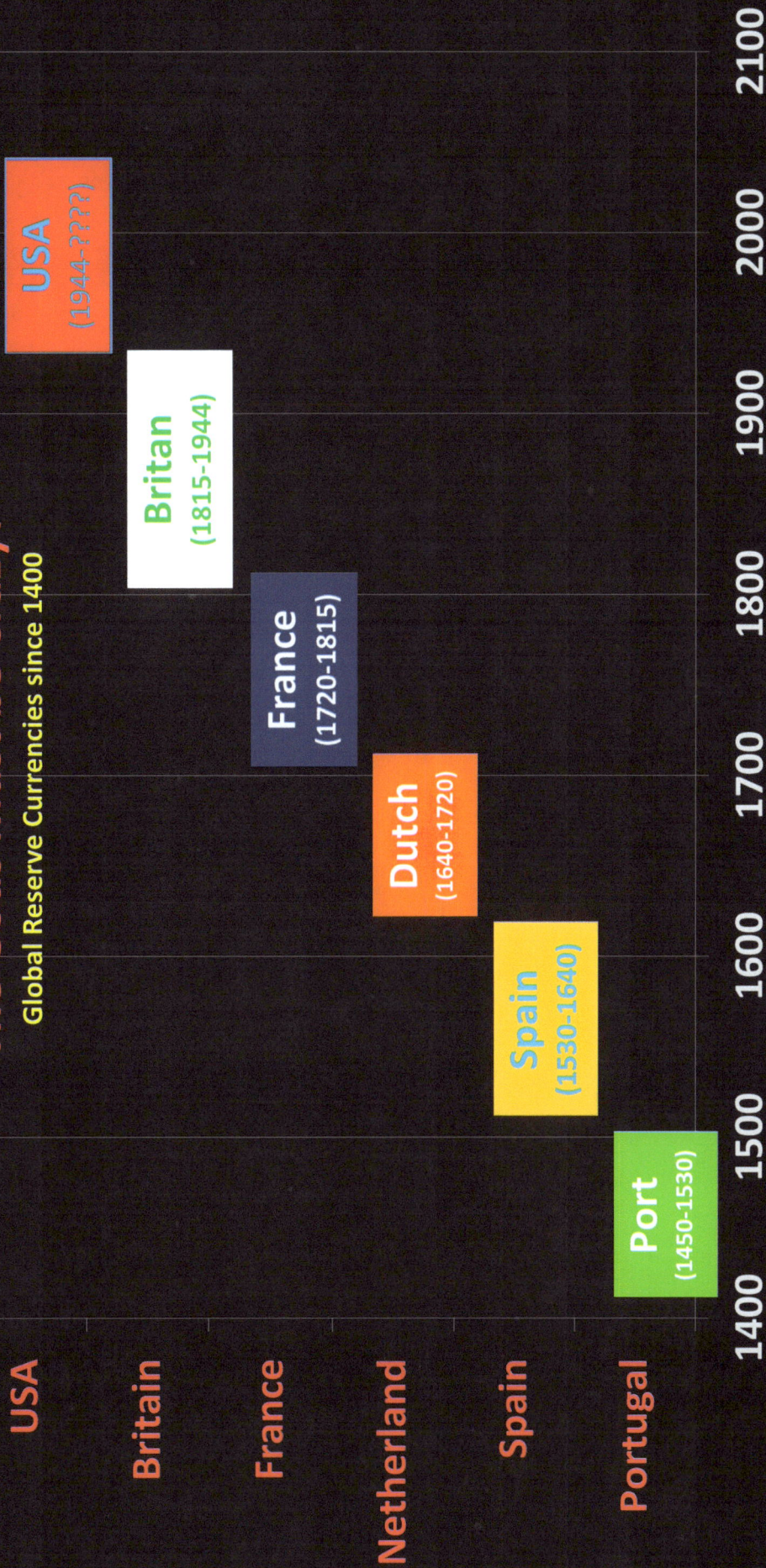

USA	USA (1944-????)
Britain	Britan (1815-1944)
France	France (1720-1815)
Netherland	Dutch (1640-1720)
Spain	Spain (1530-1640)
Portugal	Port (1450-1530)

1400 1500 1600 1700 1800 1900 2000 2100

Selon un rapport de JP Morgan, « aucun pays n'a plus à perdre du potentiel perturbateur de la monnaie numérique que les États-Unis ». Malheureusement, notre plateforme financière désuète, gérée par Wall Street, est prête pour une perturbation numérique. Si nous ne prenons pas de mesures immédiates, les Chinois vaincront impitoyablement ce système obsolète construit il y a plus de 75 ans.

10. Le Capital financier

> « Celui qui veut se battre doit d'abord compter le coût. »
> Sun Tzu's The Art of War (476–221 BC)

New York était autrefois le centre névralgique financier du monde, agissant comme ingénieur responsable du monde libre. Malheureusement, en raison de l'ingénierie financière extrême, New York devient la catacombe du capitalisme.

De l'autre côté, la Chine est en train de rapidement développer son centre financier à partir de Shanghai, qui renverse constamment l'influence américaine. Aux États-Unis, depuis 1990, le nombre d'entreprises publiques, qui était alors au plus haut, ne cesse de diminuer. Aujourd'hui, ce nombre est passé de plus de 7 000 à moins de 3 000[64]. Encore une fois, ce chiffre est attribuable à notre ingénierie financière par le biais des capitaux privés, des fusions-acquisitions et des sorties de capitaux.

> « J'ai trois trésors que je garde et que je récompense : le premier est la bonté, le second la frugalité, et le troisième l'humilité. Avec la bonté on peut être courageux, avec la frugalité on peut tendre la main, et avec l'humilité on peut survivre efficacement. Si l'on renonce à la bonté et au courage, à la frugalité et à l'envergure, et qu'on transforme l'humilité en agressivité, on mourra. L'exercice de la gentillesse au combat mène à la victoire, l'exercice de la gentillesse à la défense mène à la sécurité. »
> Sun Tzu's The Art of War (476–221 BC)

Le désordre de notre système capitaliste actuel, le chacun pour soi, est aux pieds des comités d'action politique (PAC) et des lobbyistes de Washington DC. De nombreuses sociétés de capital-investissement et d'autres instruments de placement sont financés par la Chine et d'autres fonds souverains de pays étrangers, qui n'ont peut-être pas à l'esprit nos intérêts supérieurs. Les prédateurs d'entreprise et les vautours de type Gordon Gekko sont à la recherche d'argent rapide. La grande majorité de ces échanges se font entre ordinateurs et avec des algorithmes sans aucune base. C'est une honte. Pour nous soutenir et nous maintenir, nous devrions d'abord interdire les PAC (Comités d'action politique). La porte tournante entre les politiciens et les lobbyistes dans le marais (Washington DC), qui corrompent et abusent du système, devrait faire l'objet d'une enquête.

★ Nous devrions prendre les devants en créant des institutions financières multilatérales semblables à la Banque asiatique d'investissement pour les infrastructures (BAII), pour contrer les 10 trillions de dollars de la diplomatie chinoise axée sur le piège de la dette, la prochaine génération de « la Cein-

The Gods Must be Crazy!
Catacomb of Capitalism?
US Enterprises Black Hole?

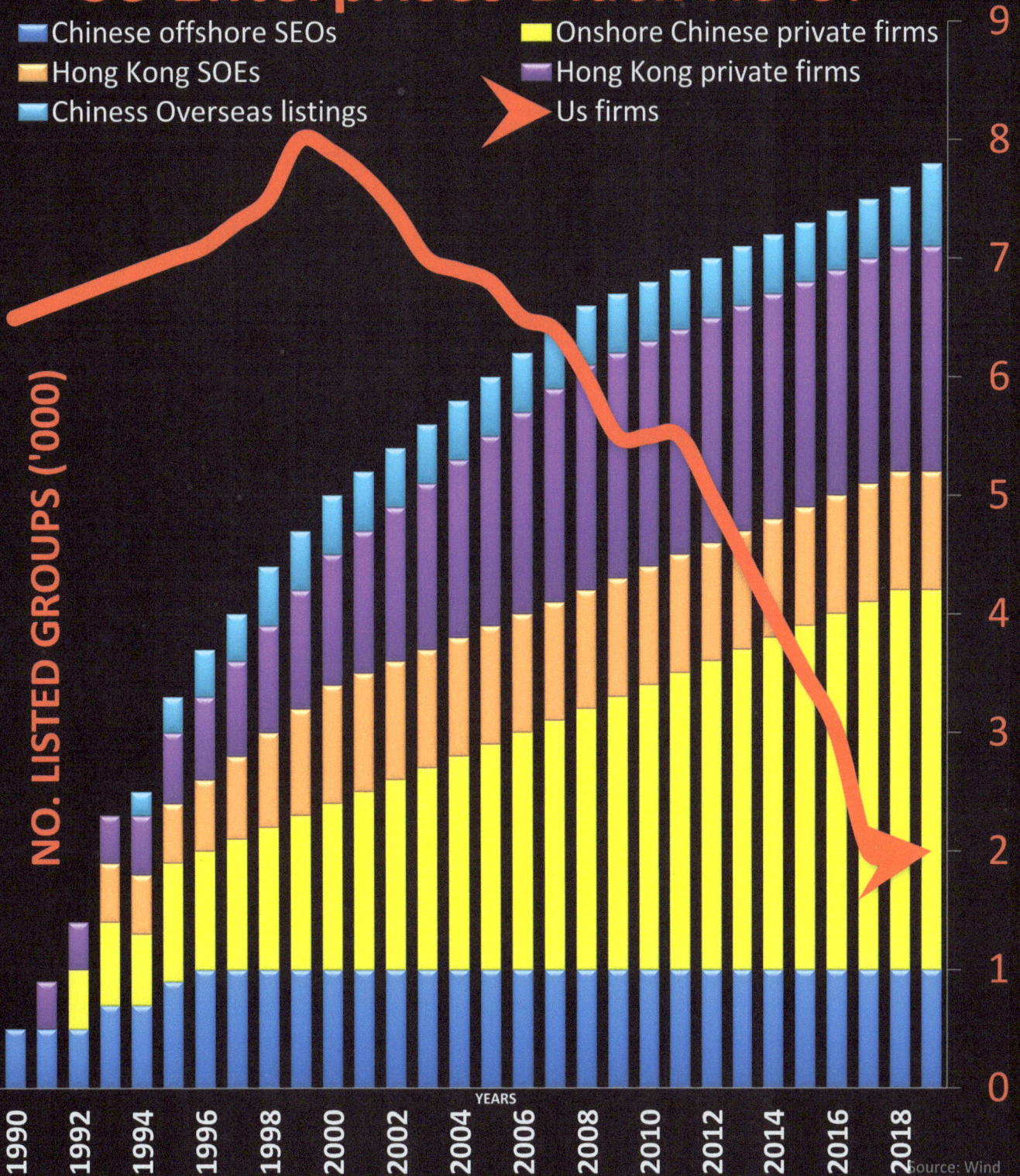

- Chinese offshore SEOs
- Hong Kong SOEs
- Chiness Overseas listings
- Onshore Chinese private firms
- Hong Kong private firms
- Us firms

NO. LISTED GROUPS ('000)

YEARS

1990 1992 1994 1996 1998 2000 2002 2004 2006 2008 2010 2012 2014 2016 2018

Source: Wind

www.EPM.Maverics.com

ture et la Route de la soie » et d'autres projets d'infrastructure de haute technologie. Au lieu de nous concentrer en interne, comme le font les entreprises chinoises, nous devons, pour notre survie même, nous aventurer hors des zones de confort de nos tours d'ivoire respectives, et nous tourner vers de nouveaux territoires, en particulier les pays émergents.

★ Nous devrions étudier l'impact des résultats trimestriels de Wall Street, des rachats d'actions et des transactions de Gordon Gekko en matière de banque d'investissement et de capital-investissement. Le gouvernement devrait surveiller de près ces activités cancéreuses.

★ Pour les dirigeants, nous devrions également introduire des primes à long terme, basées sur la performance, et non sur le cours des actions à court terme, ce qui dilapide les fondements d'un bon bilan.

★ De plus, nous devrions interdire les fonds privés vautours et les fonds souverains étrangers. Ils ont tendance à sacrifier les grands bilans de leur proie pour leur cupidité à court terme.

11. LA SÉCURITÉ

> « La réussite passe par cinq règles essentielles :
> 1. Savoir quand combattre et ne pas combattre.
> 2. Savoir gérer les forces inférieures et supérieures.
> 3. Avoir une armée avec un esprit de combat dans tous ses rangs.
> 4. Se préparer et attendre que l'ennemi ne le soit pas.
> 5. Avoir la capacité militaire et la liberté de commander ses troupes sans l'ingérence d'un souverain. »
>
> L'Art de la Guerre - Sun Tzu (476–221 av. J.C.)

Nous sommes toujours un groupe de Bushmen tribaux en guerre, qui portent des costumes de luxe et des chaussures brillantes. La gouvernance entre 195 pays est difficile, et des organisations comme l'ONU, l'OMC et d'autres encore sont surtout des figures de proue. La force brute et la puissance du feu sont en fait les plus importants. Notre statut de superpuissance et le complexe militaro-industriel sont indispensables pour protéger nos routes commerciales et nos entreprises de l'influence étrangère dans le monde entier, et même dans l'espace. L'armée américaine a des bases dans 70 pays, ce qui est aussi crucial pour protéger les intérêts de nos entreprises.

Pendant quatre siècles, les compagnies néerlandaises et britanniques des Indes orientales ont gouverné le monde à partir de deux petites nations par la puissance du feu.

« L'Occident a vaincu le monde non parce que ses idées, ses valeurs ou sa religion étaient exceptionnelles…Mais plutôt par sa supériorité à utiliser la violence organisée. Les Occidentaux l'oublient souvent mais, les non-Occidentaux jamais.»

Samuel P. Huntington, Le Choc des Civilisations

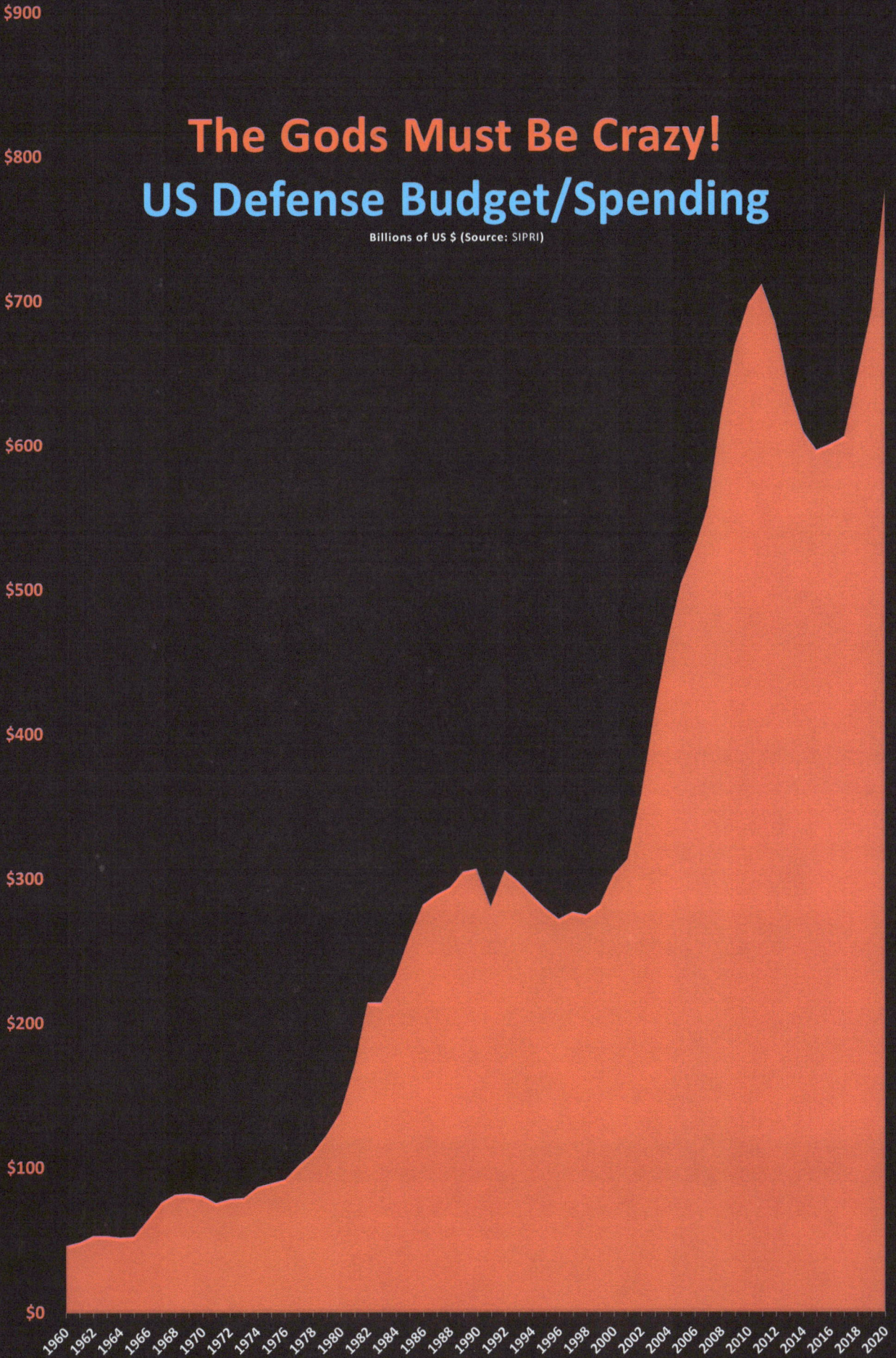

The Gods Must Be Crazy!
US Defense Budget/Spending
Billions of US $ (Source: SIPRI)

Bien que je ne sois pas un expert militaire, depuis plusieurs années, j'ai été consultant dans le secteur de la défense aérospatiale. D'après l'étude de l'Université Brown (PROFITS DE GUERRE : LES ENTREPRISES BÉNÉFICIAIRES DE L'AUGMENTATION DES DÉPENSES DU PENTAGONE APRÈS LE 11 SEPTEMBRE[65]), près de la moitié des 14 trillions de dollars dépensés par le Pentagone depuis le 11 septembre sont allés à des entrepreneurs de défense à but lucratif du complexe de l'industrie militaire. Ces entrepreneurs ont consacré plus d'un dollar à chaque membre du Congrès (environ 700 lobbyistes) et ont dépensé 2,5 billions de dollars. Cette tendance est née avec le vice-président de l'époque, Dick Cheney, ancien PDG de Halliburton. En 2008, Halliburton a reçu des billions de dollars pour aider à établir et gérer des bases, nourrir les troupes et effectuer d'autres travaux en Irak et en Afghanistan. Environ un tiers de ces contrats du Pentagone a été attribué à seulement cinq grandes sociétés (Lockheed Martin, Boeing, General Dynamics, Raytheon et Northrop Grumman). Certaines de ces sociétés appartiennent à des fonds souverains, dont saoudiens, alors que l'Arabie Saoudite[66] pourrait être impliquée dans les attentats du 11 Septembre[67]." Pour seulement l'année 2011, la Commission sur les contrats en temps de guerre en Irak et en Afghanistan a estimé le gaspillage, la fraude et les abus à un chiffre se situant entre 30 et 60 billions de dollars. Alors que l'armée américaine se retire d'Irak et d'Afghanistan, la Chine est désormais leur cible pour justifier des dépenses de défense américaine de près d'un trillion de dollars chaque année. Selon le rapport, « tout membre du Congrès qui ne vote pas pour les fonds dont nous avons besoin pour défendre notre pays cherchera un nouvel emploi après novembre prochain ».

Chaque année, le gouvernement américain dépense environ un trillion de dollars pour la défense, ce qui est plus que le chiffre cumulé des dix pays qui nous suivent... Cependant, bon nombre de nos systèmes de défense sont désuets et ne sont même pas fonctionnels. Par exemple, des centaines, voire des milliers de pilotes de l'Air Force pilotent des avions construits avant leur naissance, dont beaucoup ne sont même pas dignes de voler.

La reine de la flotte américaine, et la pièce maîtresse de la marine la plus puissante que le monde ait jamais vue, le porte-avions, est en danger de devenir comme les cuirassés qu'elle a été conçue à l'origine pour soutenir : Grosse, coûteuse (> 10 billions de dollars), vulnérable – et étonnamment sans rapport avec les conflits de l'époque.....

Il faut près de 6 700 hommes et femmes pour former un équipage, et chaque groupe de frappe coûte environ 6,5 millions de dollars par jour. »

USN - Mars 2013 - CAPT Henry J. Hendrix (Ph.D.)

Par contre, la Chine dépense ses précieux dollars en missiles hypersoniques sophistiqués qui rendent les jouets fantaisistes des États-Unis sans défense. Les missiles balistiques DF-26 chinois, qui ne coûtent que cent mille dollars, peuvent faire sombrer les « coquilles de noix » des États-Unis, qui ont coûté plus de 10 billions de dollars.

Par contre, la Chine dépense ses précieux dollars en missiles hypersoniques sophistiqués qui rendent les jouets fantaisistes des États-Unis sans défense. Les missiles balistiques DF-26 chinois, qui ne coûtent que cent mille dollars, peuvent faire sombrer les « coquilles de noix » des États-Unis, qui ont coûté plus de 10 billions de dollars. Les États-Unis agissent de façon irrationnelle, reflétant l'Union soviétique avec sa doctrine apocalyptique menée sous l'impulsion de quelques groupes d'intérêts spéciaux influents de l'industrie (de 2 trillions de dollars) et des sectes bédouines orthodoxes[68].

Les dépenses de la Défense américaine peuvent ne pas avoir pour base une stratégie rationnelle qui soit la meilleure pour les citoyens américains. Au lieu de cela, beaucoup peuvent être le résultat de lobbying par des sous-traitants de la défense. Ces entrepreneurs influencent les congressistes en répartissant les usines de fabrication dans leurs districts (agissant ainsi sur l'emploi). Les Chinois peuvent bien se moquer de nous, puisque nous buvons de ce calice financier empoisonné de dépenses prodigues, que nous alimentons grâce aux emprunts que nous leurs faisons. Cela a également été utilisé pour les déclarer ennemi numéro 1, mais ne sera jamais utilisé contre eux. Les investisseurs quasi institutionnels chinois contribuent de manière significative à de nombreux véhicules de placement, y compris les sociétés de capital-investissement, qui possèdent les entreprises de défense. Ironiquement, certains des fonds souverains, qui nous sont plutôt défavorables, possèdent au moins certaines de nos principales sociétés de défense[69].

★★

The Gods Must be Crazy!

2020 Defence Spending

US > next 10 countries combined (Source: SIPRI)

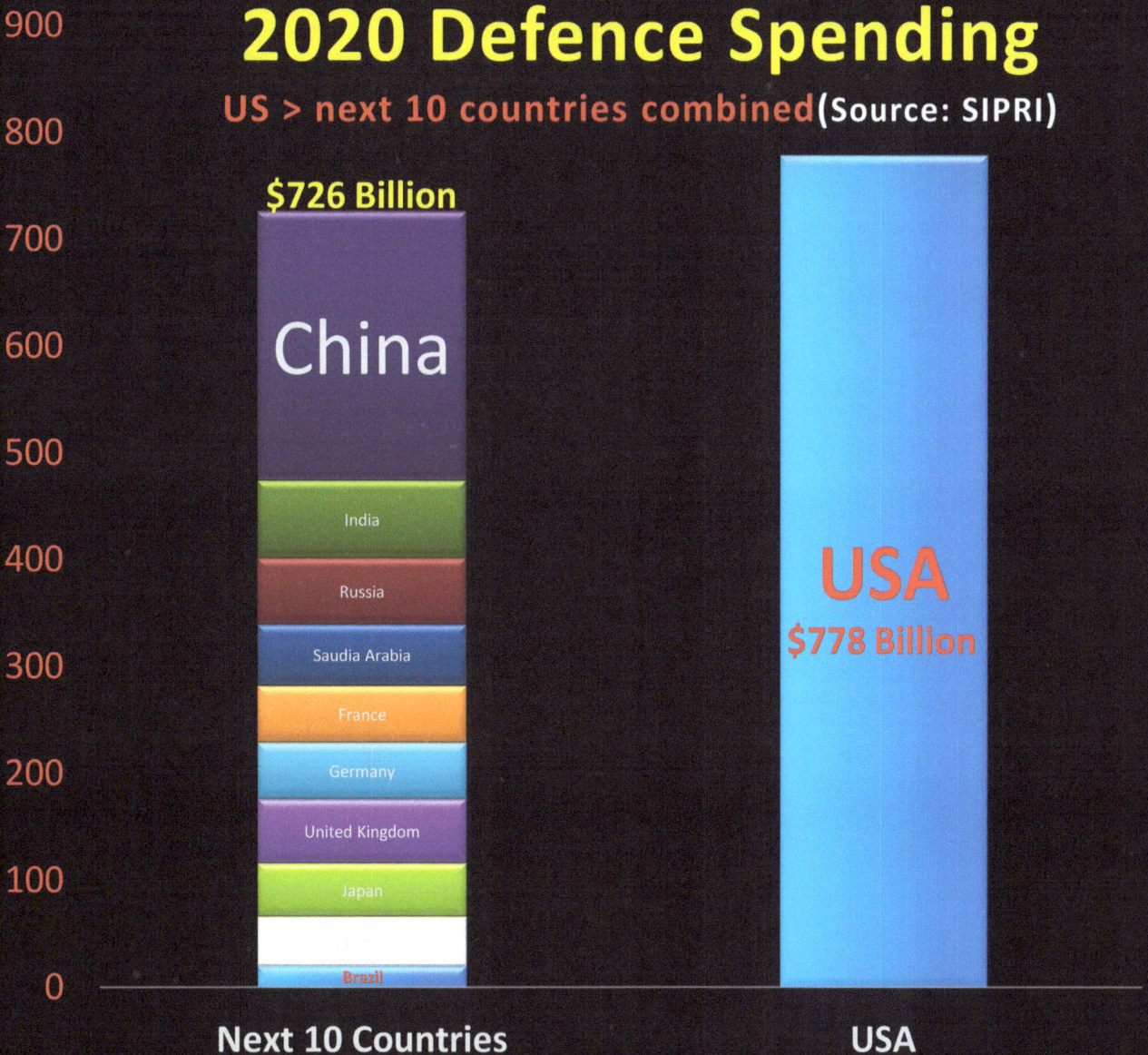

> « *Lorsque nous accrocherons les capitalistes, ils nous vendront la corde que nous utilisons* »
>
> Joseph Stalin

Comme les Soviétiques ont assisté à la fin de leur empire en s'empêtrant unilatéralement dans des conflits politiques inutiles, nous déversons aussi notre sang et notre argent. Curieusement, nous sommes des imitateurs, commettant les mêmes erreurs que les Russes en Afghanistan. Il est impossible de conquérir les Afghans, les Perses, Alexandre le Grand, Gengis Khan ; la Grande-Bretagne et les Russes ont tous deux échoué. Plus récemment, dans les déserts déchirés par la guerre du Moyen-Orient, nous avons perdu 5 trillions de dollars en participant aux guerres tribales des Bédouins. Cet aventurisme irrationnel et exubérant est un cadeau pour la Chine. La Chine est stratégiquement concentrée, et, inspirée par notre stupidi-

The Gods Must be Crazy!
2020 US Defense Spending
Catacomb of Capitalism: Little R&D?

Source: OMB (Office of Management and Budget)

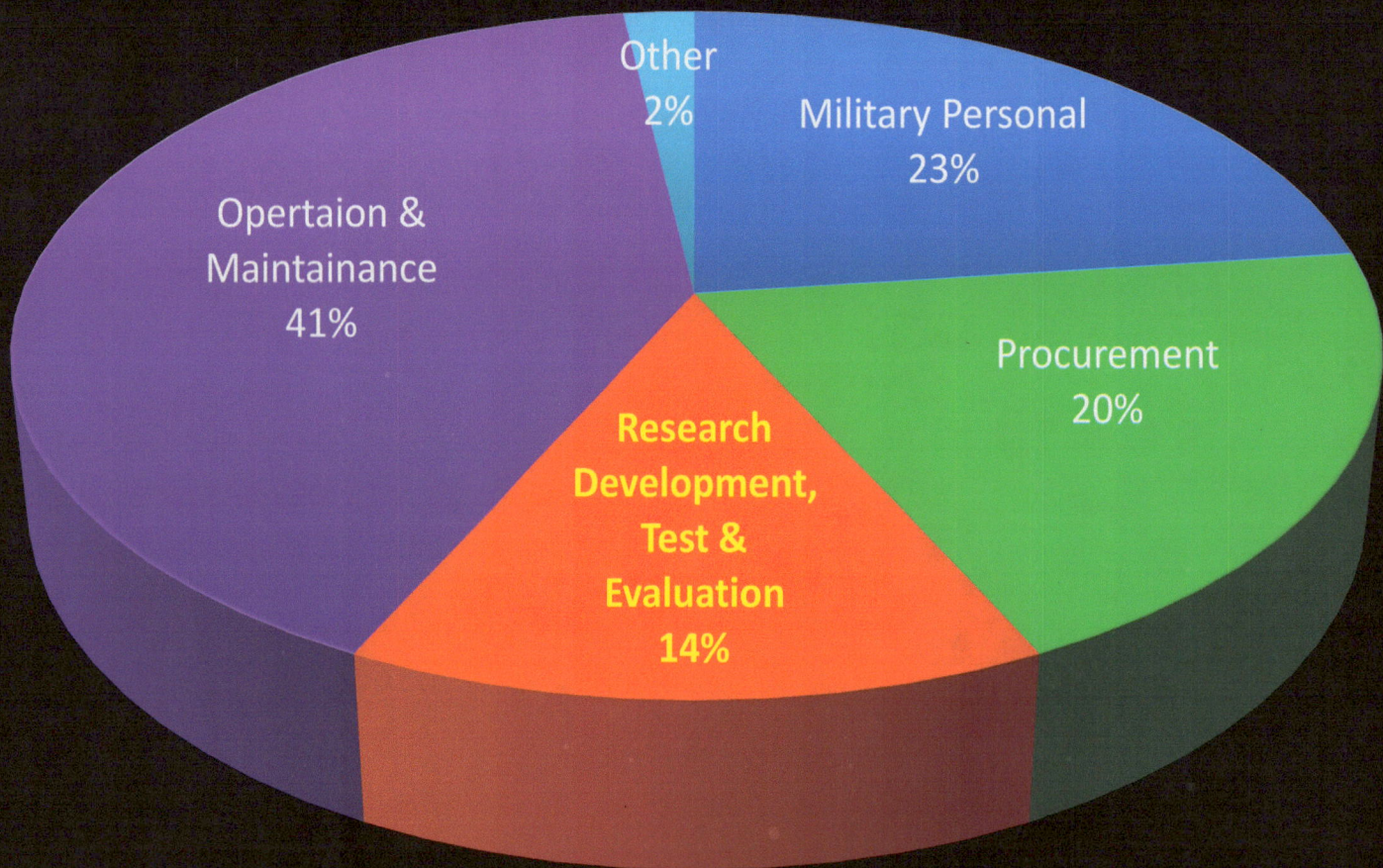

Other
2%

Military Personal
23%

Opertaion & Maintainance
41%

Procurement
20%

Research Development, Test & Evaluation
14%

té, elle a connu une croissance spectaculaire au cours de nos années de déclin. Depuis que les États-Unis exportent du pétrole, il n'existe plus de valeurs stratégiques au Moyen-Orient autres que la perte de sang précieux et d'argent. En résumé, nous protégeons l'approvisionnement en pétrole de la Chine, comme cela s'est produit en Afghanistan et au Pakistan, et aidons la Chine à asseoir ses intérêts commerciaux. Pendant ce temps, la Chine est rationnelle et agit sagement comme l'Amérique l'a fait à l'époque de Roosevelt (ou même de la guerre froide), formant des alliances mondiales. Il n'y a pas de lobbyistes en Chine, et ils prennent des décisions rationnelles pour leur sécurité à long terme et leurs intérêts commerciaux.

Nous devrions moderniser complètement notre armée pour les guerres de demain, (pas la guerre conventionnelle préhistorique du passé), et, comme Franklin Roosevelt l'a fait, renforcer les partenariats public-privé. Nous avons besoin de visionnaires comme Franklin Roosevelt pour nous mettre en condition et gagner la Troisième Guerre mondiale. Comme il l'a fait en 1942, quand sa vision a remporté la Seconde Guerre mondiale, nous devons nous préparer maintenant.

Si nous ne sommes pas stratégiques et sages, nous ne pourrons pas nous opposer aux moyens de défense chinois modernes. Le graphique ci-dessous montre que les États-Unis dépensent très peu d'argent dans la recherche et le développement futuristes, nécessaires pour survivre au dragon. Si nous ne sommes pas prudents et stratégiques, notre aventurisme militaire colérique et notre exceptionnalisme nous humilieront dans la cour du Royaume du Milieu. Triste à dire, mais nous faisons les guerres de demain avec la stratégie et les armes d'hier.

12. Les grandes Stratégies numériques et la Feuille de route vers la transformation

Pour réussir, nous devons imprégner notre esprit d'une grande stratégie globale. La Grande Stratégie comprend une indulgence du pouvoir des normes (justesse morale), du ciel, de la terre (environnements physiques), du leadership, et enfin, de la méthode et de la discipline (évaluation de la capacité militaire, potentiel de puissance relative). Une fois tous ces éléments réunis, un État peut bénéficier d'une grande stratégie pour le succès.

Adapté de L'Art de la Guerre - Sun Tzu (476–221 av. J.C.)

Au cours des 100 premiers jours de son mandat, Roosevelt a créé les agences-sigles, aussi connues sous le nom d'agences « New Deal ». Au moins 69 bureaux ont été créés pendant ses nombreux mandats. Il y a trois directions au sein du gouvernement, et l'exécutif contrôle la plupart des agences fédérales. Sous l'exécutif, il y a 15 directions exécutives et environ 254 sous-agences. Le Congrès a également créé environ 67 agences indépendantes et plus d'une douzaine de plus petits conseils, commissions et comités.

L'arbre pourrit à partir de ses racines. Les termites corrompus infestent maintenant la plupart de ces branches du gouvernement américain et les agences sous-jacentes du XIXème siècle. L'analyste James A. Thurber a estimé que le nombre de lobbyistes actifs avoisinait les 100 000, et que cette industrie corrompue rapportait 9 billions de dollars par an[70]. C'est plus que le PIB (2018) de plus de 50 pays sous le drapeau des Nations Unies. Récemment, les activités de lobbying se sont intensifiées et sont devenues « clandestines », car les lobbyistes utilisent des « stratégies de plus en plus sophistiquées » pour cacher leurs activités.

Même la justice est aussi à vendre, grâce aux millions de contributions de campagne faites avec de l'argent sale[71]. La décision rendue en janvier 2010 par la Cour suprême dans l'affaire Citizens United a déclenché une vague colossale de dépenses de campagne, qui était complètement contraire à l'éthique et corrompue aux yeux de toute norme pertinente. Wall Street a dépensé un montant record de 2 billions de dollars pour tenter d'influencer l'élection présidentielle de 2016 aux États-Unis. Le lobbying est une forme juridique fantaisiste de fraude ou d'extorsion, et dans toute autre partie du monde, s'appelle de la corruption.

Le système bureaucratique actuel a toujours rempli son rôle, surtout il y a un siècle, sous les Roosevelt, qui étaient des gens bien intentionnés. Malheureusement, de nombreuses organisations de bonne volonté sont devenues des grenouilles de l'État Profond dans le marais d'huile de serpent[72] de Washington, D.C. Quelles sont nos stratégies et nos politiques, compte tenu du fait que les récentes catastrophes géopoli-

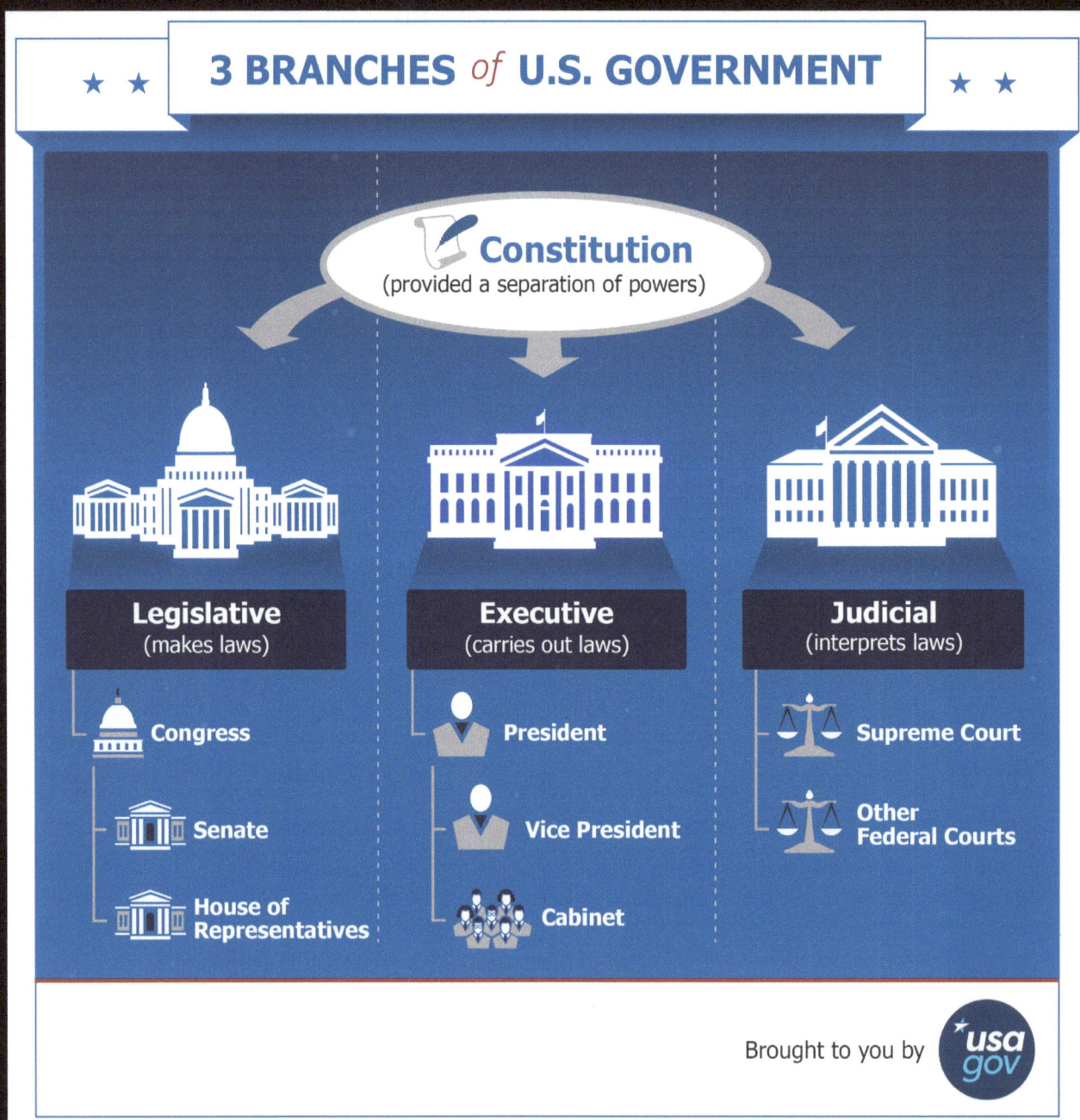

★ ★

3 BRANCHES *of* U.S. GOVERNMENT

Constitution
(provided a separation of powers)

Legislative
(makes laws)

Executive
(carries out laws)

Judicial
(interprets laws)

- Congress
  - Senate
  - House of Representatives

- President
  - Vice President
  - Cabinet

- Supreme Court
- Other Federal Courts

Brought to you by usa gov

tiques et économiques ont profondément affaibli bon nombre de ces systèmes ? Avons-nous une vision et une feuille de route stratégique pour faire face à cet ordre mondial en évolution ? Nous vivons dans une nouvelle ère multidimensionnelle où de nombreuses réglementations surannées du passé doivent se transformer en un ordre mondial numérique du 22ème siècle.

> *« Si votre ennemi est en sécurité en tout point, préparez-vous à lui. S'il est en force supérieure, fuyez-le. Si votre adversaire est capricieux, cherchez à l'irriter. Faites semblant d'être faible, afin qu'il puisse devenir arrogant. S'il se met à l'aise, ne lui donnez pas de repos. Si ses forces sont unies, séparez-les. Attaquez-le là où il n'est pas préparé, apparaissez là où vous n'êtes pas ».*
>
> L'Art de la Guerre - Sun Tzu (476–221 av. J.C.)

La Chine est la seule civilisation ancienne résiliente à être tombée quatre fois et à avoir rebondi à chaque fois. Depuis le déclin impérial de la Première Guerre de l'opium (1839 à 1842), et l'humiliation qui l'a accompagné, chaque chef chinois a cherché à retrouver les gloires perdues au pays et à l'étranger. La vision du Parti communiste chinois (PCC) n'est pas un secret : Xi Jinping est déterminé à rendre l'Empire du Milieu de nouveau grand. Le PCC utilise des stratégies et des politiques « géo-technologiques ». La Chine ouvre la voie à la suprématie mondiale grâce à la Nouvelle Route de la Soie (Initiative « La Ceinture et la Route » - BRI) et « la Route de la Soie numérique » (DSR), qui représentent plusieurs trillions de dollars, et visent à coloniser l'Asie, le Moyen-Orient, l'Afrique et l'Europe. Structurant une infrastructure commerciale complète pour les produits chinois, la BRI offre à la Chine un virage stratégique à long terme autour des technologies de pointe et des intérêts militaires. Ces éléments comprennent les télécommunications 5G, la robotique, l'intelligence artificielle (IA) et l'ingénierie maritime pour les intérêts de la défense.

Au lieu de tactiques d'ingénierie financière extrêmes, nous devons nous concentrer sur les stratégies d'ingénierie de la valeur à long terme. L'ingénierie de la valeur devrait être l'aspiration d'une « ville étincelante sur une colline ». La richesse financière n'est qu'un sous-produit. Ma génération a laissé tomber les jeunes. Ils sont mal préparés à l'ère numérique et manquent cruellement de capacités en STIM. Nous devons arrêter de faire l'autruche, et reconnaître la dynamique changeante de l'ordre mondial. Si nous ne le faisons pas, des dragons numériques comme Huawei, Alibaba, Tencent et Baidu façonneront le monde. La Chine veillera à ce que ces dragons laissent leur empreinte dans les pays économiquement colonisés par l'Empire du Milieu.

Dans l'environnement populiste actuel, il sera difficile pour les États-Unis de trouver des leaders comme les Roosevelt, qui pourraient inverser leur déclin. J'espère que ce sera moins traumatisant et que nous accepterons les réalités avec autant de grâce que les Britanniques lorsqu'ils nous ont passé le flambeau, plutôt que de sombrer dans l'obscurité.

Steve Hilton : « Beaucoup de gens disent que la Chine veut remplacer Les États-Unis en tant que super-puissance…,Pensez-vous que ce soit leur intention ?» Trump :« Oui, je le pense. Pourquoi cela ne le serait-il pas ? Ce sont des gens très ambitieux. Ils sont très intelligents. Ce sont des gens formidables. C'est une grande culture ».

Fox News interview (05-19-19)

ÉPILOGUE

> *« La plus grande excellence est de gagner sans se battre, et
> non de décimer tous les adversaires que vous rencontrez.
> La victoire est votre but, pas la destruction. Le fait de
> laisser les choses intactes maximise vos gains et vous aide
> à réparer vos barrières avec votre adversaire. »*
>
> **L'Art de la Guerre - Sun Tzu (476–221 av. J.C.)**

Que nous le voulions ou non, et si nous ne jouons pas nos atouts bientôt, la Chine enverra ses mercenaires pour percevoir les redevances des États-Unis et celles des près de 100 pays qu'elle a colonisés économiquement et numériquement depuis le tsunami financier de 2008.

La COVID-19 a mis en lumière nos lacunes ; même en vertu de la Loi présidentielle sur la production de défense, nous sommes pris en otage par la Chine pour nos indispensables masques 3M et notre équipement de protection individuelle (EPI).

En 1960, l'économie américaine construite par Roosevelt représentait environ 40% du PIB (Produit Intérieur Brut) mondial. Elle est tombée à moins de 15% en PPP, alors que la Chine, augmente rapidement sa part au-delà de 20%. Grâce à son statut de réserve, 79,5 % du commerce mondial est encore réalisé en dollars américains. Avec notre ingénierie financière extrême, nous avons gaspillé notre bonne volonté. Si nous ne nous ressaisissons pas rapidement, notre époque de l'empire et de l'entreprise sera menacée.

Maintenant, ce n'est pas le moment de construire un mur autour de notre tour d'ivoire, et de risquer d'être piégé dans un enfer de forclusion. Aucune personne autocratique unique ne peut relever les défis multidimensionnels et mettre fin à la spirale descendante exponentielle, qui résulte des cygnes noirs de la « Nouvelle Normale ». Plutôt que d'opter pour l'unilatéralisme, le temps est venu d'affiner nos compétences non techniques, de tendre la main au reste des 96% de l'humanité. Il faut réarchiver notre Arche de Noé de l'Entreprise, telle que les Roosevelt l'ont construite il y a un siècle, quand ils nous ont conduits sur la voie qui a fait de nous une superpuissance.

World External Debt to China (2017, Direct Loans)
(Source: Data based on CHINA'S OVERSEAS LENDING, Sebastian Horn, Carmen Reinhart and Christoph Trebesch(KIEL WORKING PAPER NO. 2132))

Note: The debt estimates are based on loan-level data.
They exclude Chinese portfolio debt holdings and short-term trade debt.
GDP data is from the IMF World Economic Outlook.

IN
PERCENT
OF
RECIPIENT
GDP

0-1%
1-5%
5-10%
10-25%
25-100%
No Data

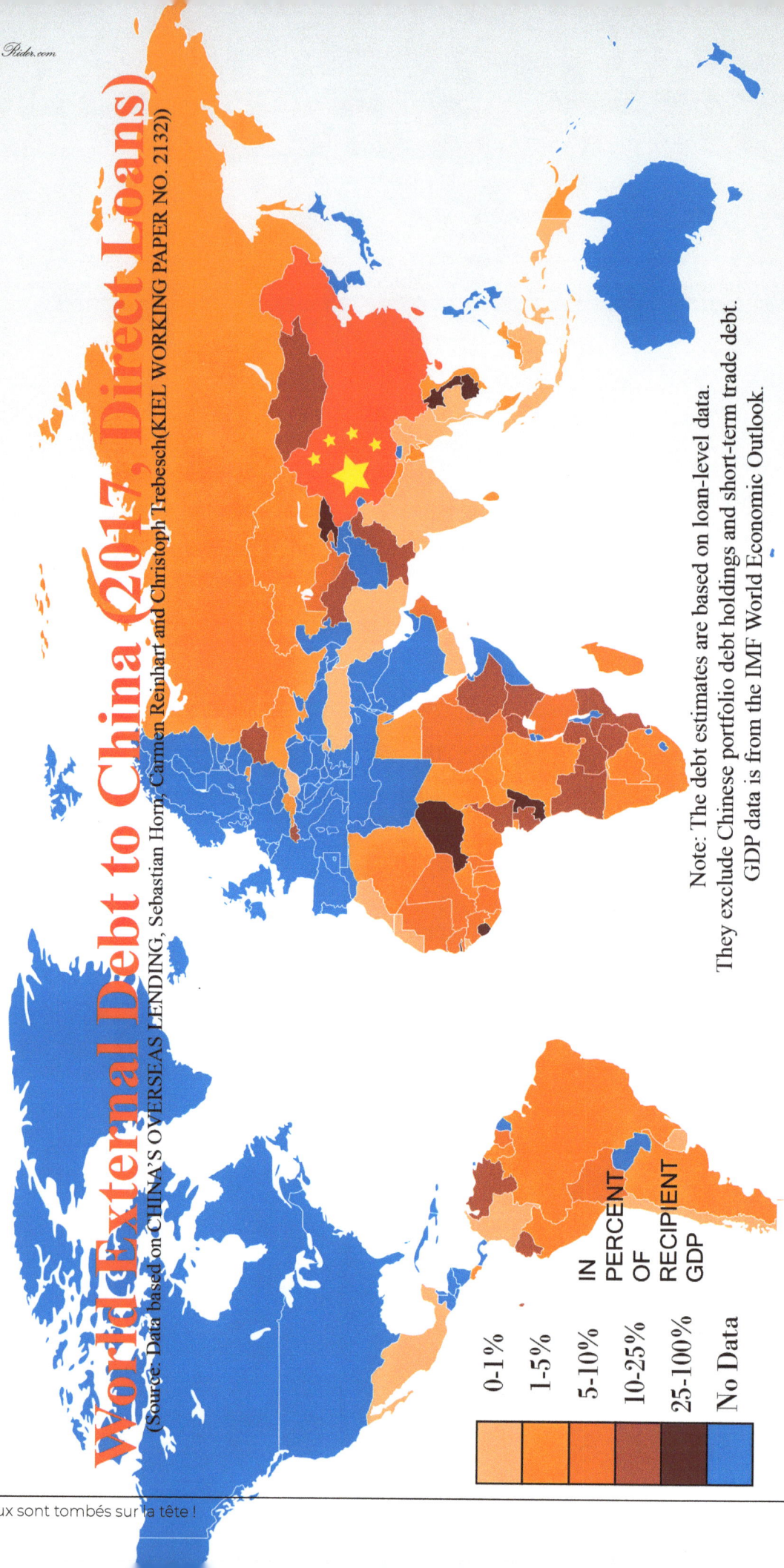

Si nous échouons en cela, certains populistes d'extrême gauche recourront au communisme (redistribution plus ou moins égale des richesses), et la plupart de la droite deviendra des milices fascistes (capitalisme autocratique contrôlé par l'État). La survie de l'entreprise américaine s'est entremêlée avec la montée et la chute de son parrain mécène, l'empire américain. Nous en avons été témoins au cours des quatre derniers siècles avec les plus grandes entreprises, telles que les entreprises néerlandaises (~ 10 trillions de dollars) et britanniques (~5 trillions de dollars) de l'Inde de l'Est. Malheureusement, de nombreux dinosaures d'entreprise, qui pratiquent l'ingénierie financière extrême, seront victimes des vautours de la propriété intellectuelle (principalement chinois).

Nous devons apprendre des Roosevelt, constructeurs de notre grande fondation capitaliste, qui a duré trois quarts de siècle. Nous dirigeons la coalition pour établir de nouveaux « Plans Marshall », afin de sauver, avant qu'il ne soit trop tard, les pays que la Chine a colonisés économiquement et numériquement.

L'architecture de base devrait reposer sur :

1. Le Leadership
2. L'enseignement des STIM (Sciences, Technologie, Ingénierie et Mathématiques)
3. La Recherche et la Technologie stratégique
4. L'Architecture de l'infrastructure
5. L'Architecture digitale
6. La Gestion du Savoir
7. La Diplomatie
8. L'Étalon-or comme monnaie mondiale
9. L'Électro-dollar
10. Le Capital financier
11. La Sécurité
12. Les grandes Stratégies et Règlements numériques transformateurs

Je suis un opposant qui a prédit le tsunami économique de 2008, ce qui a été relativement facile étant donné qu'il était principalement axé sur les États-Unis. Maintenant, la situation est beaucoup plus vorace et multidimensionnelle, la COVID-19 et les troubles civils agissant comme des changements tectoniques générationnels mondiaux du cygne noir. Cette fois-ci, j'espère que je me trompe dans mon analyse. Je vous transmets celle-ci et cette recherche pour remettre en question ma perspective unique et la mettre à l'épreuve.

Jusqu'à présent, les États-Unis ont fait des cadeaux incroyables à l'Empire du Milieu, à travers notre ingénierie financière extrême, étouffant l'oie d'or (trahissant leurs entreprises rentables pour quelques bonus de dollars égoïstes). Si nous ne planifions pas le 22ème siècle, La « Nouvelle Normale » de l'âge digital, l'Arche de Noé de l'Entreprise, je prévois un avenir qui ressemble au Quatrième Reich[73], où nous servirons d'esclaves pour « L'homme du Haut Château[74] », et qui rappellera le documentaire de Netflix « l'Entreprise Américaine ».[75]

Allez-y les États-Unis ! C'est la deuxième mi-temps ![76]

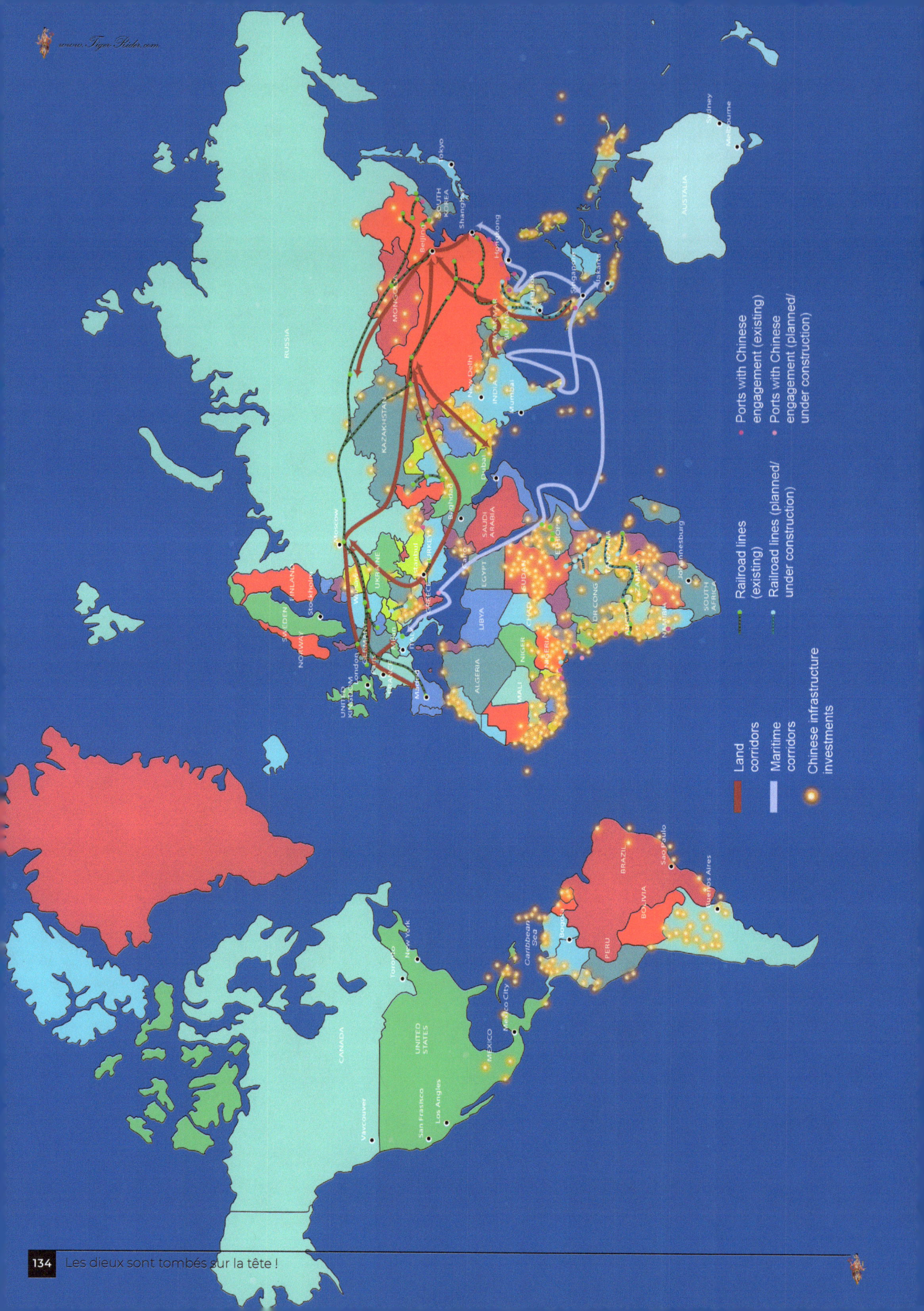

The Gods Must be Crazy!
US vs China Competitiveness Dashboard
(Representative Example scores)

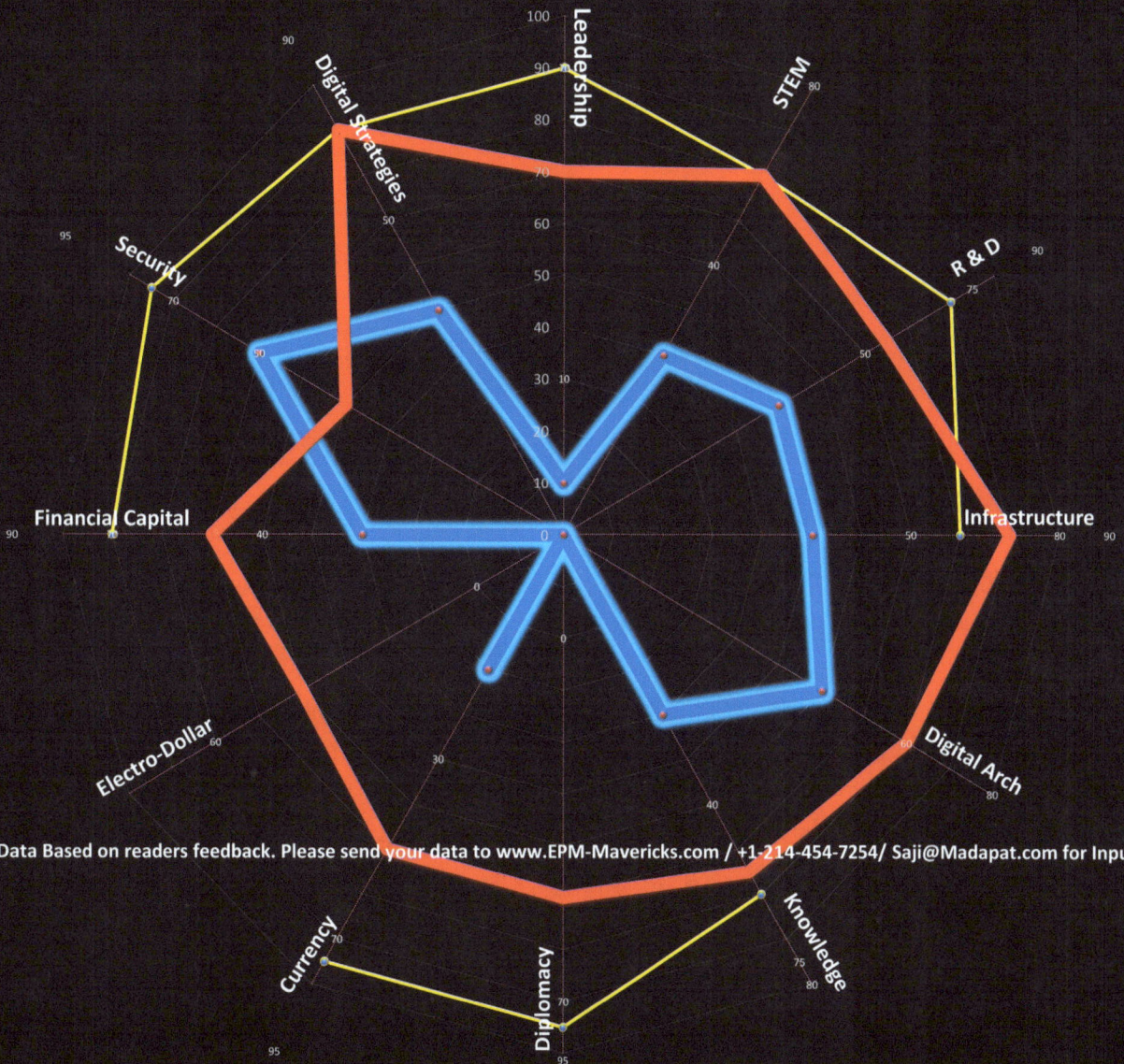

Roosevelt's USA   Current USA   CHINA

Data Based on readers feedback. Please send your data to www.EPM-Mavericks.com / +1-214-454-7254/ Saji@Madapat.com for Input

ALLEZ-Y LES
ÉTATS-UNIS ! C'EST LA
DEUXIÈME MI-TEMPS !

Et oui, nous sommes bien au milieu du nouvel ordre mondial

A PROPOS DE L'AUTEUR
BREF HISTORIQUE DE MES RÉINCARNATIONS NOMADES

★★

> *« Remporter cent victoires après cent batailles n'est pas le plus habile. Le plus habile consiste à vaincre sans combat. »*
>
> L'Art de la Guerre - Sun Tzu (476–221 av. J.C.)

Je suis né et j'ai grandi dans le pays de Dieu, le Kerala, un paradis tropical en Inde. Au Kerala, nous sommes des disciples de l'apôtre saint Thomas, et j'ai été éduqué par des missionnaires chrétiens amenés par des colonisateurs du Portugal, de France et de Grande-Bretagne. L'alphabétisation à 100% et les normes d'éducation élevées de la province ont conduit à de nombreux mouvements progressistes, y compris le communisme. Le Kerala présente de nombreuses particularités, tel un taux de rétablissement à la COVID-19 plus élevé que dans la plupart des pays occidentaux. Depuis 1957, c'est le premier endroit au monde où les communistes ont été démocratiquement élus et sont aux commandes. Le désert industriel qui en a résulté m'a forcé à faire mes valises après avoir obtenu mon diplôme d'ingénieur industriel (avec spécialisation en gestion de la qualité totale) et à chercher un emploi à Bombay, capitale commerciale de l'Inde (maintenant appelée Mumbai).

J'ai vite réalisé que mes perspectives au-delà du plancher de l'usine étaient limitées du fait de ma peau foncée (comme pour un indien noir portant un lungi). Craignant pour mon avenir, j'ai fui vers le sud pour échapper au racisme de la sphère professionnelle lorsqu'on grimpe les échelons. J'ai obtenu mon MBA en finance en tant que candidat à l'intégration nationale. Providentiellement pour moi, en 1990, toute l'économie indienne s'est effondrée sous le poids du puissant License Raj indien, vieux d'un demi-siècle. Le résultat fut une économie indienne libéralisée. Le moment était parfait, car cela m'a donné l'occasion de commencer ma carrière en tant qu'analyste dans une banque d'investissement. La chance m'a souri de nouveau lorsque le krach boursier de 1996 en Inde m'a permis de sortir de ma carrière dans les services bancaires d'investissement.

L'Inde a pris la voie socialiste et, pendant le conflit des années 1970 avec le Pakistan, a déclaré l'état d'urgence. En raison de la guerre au Pakistan et d'autres non-alignements, les relations entre les États-Unis et l'Inde se sont détériorées, et IBM a abandonné l'Inde. Vive le vide (à remplir) ! TCS et d'autres conglomérats informatiques indiens sont nés du désespoir. Ils nous ont appris le codage informatique pour relancer les anciens ordinateurs et les ordinateurs centraux laissés par IBM. Grâce à la plus grande bourde de l'histoire des affaires (le bug de l'an 2000), IBM et les autres entreprises occidentales nous ont vus (nous, « les coolies informatiques ») comme la solution économe pour corriger le code Armageddon de la fin du monde.

Pendant ce temps, j'ai réussi à migrer de la finance d'entreprise vers les solutions ERP (Enterprise Resource Planning - planification des ressources de l'entreprise), et j'ai saisi mon passeport pour aller rejoindre le summum du capitalisme, les États-Unis. Néanmoins, en 2000, les frères BaaN (basés aux Pays-Bas) ont été impliqués dans le scandale néerlandais, et le système ERP N°3 (BaaN), que je dirigeais, s'est effondré.

Depuis lors, j'ai passé plus d'une décennie à faire du bénévolat pour le PMI (Project Management Institute). J'ai gravé mon nom sur les normes clés du PMI (y compris PMBOK, OPM3, PP&PM, etc.), grâce à mes documents, publications et livres à son sujet (en particulier « Project Portfolio Management Standard »). J'ai même aidé pour le panneau de la salle de conférence PPM de Gartner, et plus tard je suis devenu l'un des trois experts en méthodologie de management de projets pour les petites et moyennes entreprises chez E&Y.

En 2008, dans le contexte du tsunami économique, j'ai agi à titre de conseiller pour le bureau du directeur financier et mis sur pied le Bureau de gestion du portefeuille des projets pour l'une des entreprises les plus admirées de Fortune 10 World. Je leur ai fait économiser environ un demi-billion de dollars, mais je suis devenu la victime de mon ingénierie financière à court terme. J'ai réussi à capitaliser sur l'héritage des années 90 d'Hyperion Enterprise puis suis passé au monde fantaisiste de la suite de produits d'un directeur financier et enfin à l'ingénierie financière, plus importante, dans le monde du conseil des BIG4.

En 2009, j'ai fait mes valises pour les jungles cambodgiennes à la recherche de réponses du bas de la pyramide à travers le GIFT chinois (Global Institute for Tomorrow)[77] – un Global Young Executive Leadership Program (YLP) de Clinton. Plus j'examinais le monde de la finance en Occident, plus je devenais désillusionné. J'ai perdu confiance dans les montagnes russes des marchés flash. 90% du marché boursier d'aujourd'hui, sans valeurs fondamentales à long terme, est à la poursuite des rachats d'actions, tweets, assouplissements quantitatifs (QE[78]), argent frais, et paris basés sur des flashs algorithmiques à haute fréquence générés par les robots internet (BOT). Gloire à Hernando de Soto ! je suis rené au Mystère de l'Évangile du Capital. Depuis le 11/9, j'ai gagné quelques dollars en pariant contre la sagesse conventionnelle du marché occidental et en jouant dans Petro China[79] and Total[80].

A mon retour de la nature sauvage des champs meurtriers du Cambodge[81], et après le tsunami économique de 2008 dans le monde des BIG4, je me suis une fois encore réincarné en réorientant ma carrière et en devenant un consultant EPM (Enterprise Performance Management). En pariant contre la sagesse conventionnelle, j'ai gagné 95% de ma valeur nette entre 2008 et 2011. Lorsque le monde entier s'est désendetté, j'ai tiré parti à l'extrême des ventes en catastrophe de certains des biens immobiliers les plus emblématiques au monde. J'ai une bonne part de sang sur les mains avec l'abrutissante ingénierie financière EPM, grâce à un jargon sophistiqué (aussi appelé réduction des coûts) comme la gestion de la chaîne d'approvisionnement fiscalement efficace (TESCM), la transformation des activités/finances/informatique, le BPR (Business Process Re-engineering), le Six Sigma et la stratégie de tarification et de rentabilité. Pour ma bonne conscience (« écoblanchir » ma culpabilité), j'ai eu le fantastique honneur de faire du bénévolat pour le plus vaste organisme professionnel sans but lucratif depuis plus d'une décennie, le PMI (Project Management Institute), qui sert environ 3 millions de professionnels, dont plus de 500 000 membres dans 208 pays à travers le monde. J'ai écrit une demi-douzaine de livres et environ 50 publications/présentations. J'ai commencé à participer à plusieurs prix « d'entrepreneur de l'année » (EOY) chez Ernst & Young.

Malheureusement, après plus de deux décennies, il semble que j'ai besoin de remonter à travers cette route de rédemption furieuse de Mad Max, et de gravir les décombres de l'apocalypse de l'ère capitaliste nostalgique de Roosevelt.

HUMBLE DEMANDE DE CRITIQUE DE MON LIVRE

★★★★★★★★★★★★★★★★★★★★★★★★★★★★★★★★★★

J'espère que vous avez apprécié la lecture de ce livre. J'aimerais vous entendre et vous demander humblement de prendre quelques minutes pour poster un avis sur Amazon. Vos commentaires et votre soutien amélioreront considérablement ma rédaction pour les prochains livres et rendront celui-ci encore plus méritoire. Il s'agit d'un manuscrit vivant qui évoluera continuellement en fonction de votre sagesse constructive (coordonnées de contact directes @ www.Epm-Mavericks.com).

Merci d'avance !

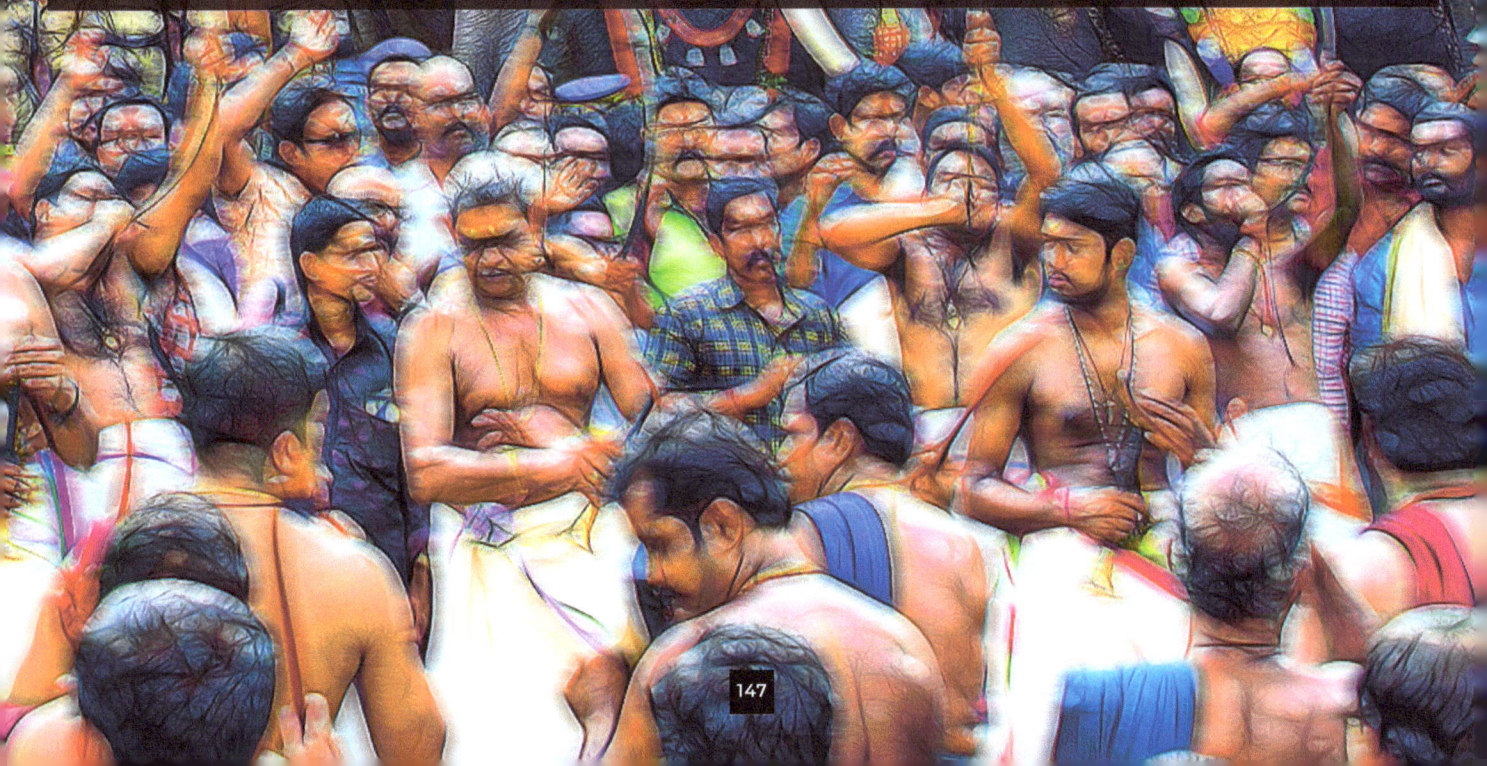

Acronymies

- ★ Intellectual property (IP) - Propriété Intellectuelle (PI)
- ★ Belt and Road Initiative (BRI) - Initiative de la Ceinture et de la Route (BRI)
- ★ Digital Silk Road (DSR) - Route de la Soie digitale (DSR)
- ★ Internet of Things (IoT) - Internet des Objets (IoT)
- ★ The Middle Kingdom (China) - L'Empire du Milieu (Chine)
- ★ One Belt, One Road (OBOR) - Une Ceinture, Une Route (OBOR)
- ★ Asian Infrastructure Investment Bank (AIIB) - Banque Asiatique d'Investissement pour les infrastructures (BAII)
- ★ Purchasing Power Parity (PPP) - Parité de Pouvoir d'Achat (PPA)
- ★ Gross domestic product (GDP) - Produit Intérieur Brut (PIB)
- ★ Black Lives Matter (BLM) - Black Lives Matter (BLM)
- ★ George Floyd riots (FLOYD) - Émeutes pour George Floyd (FLOYD)
- ★ Political Action Committee (PAC) - Comité d'Action Politique (PAC)
- ★ Swamp (Washington DC) - Le Marais (Washington DC)
- ★ Mergers and Acquisitions (M&A) - Fusions-Acquisitions (M&A)
- ★ Facebook, Amazon, Apple, Netflix, and Google (FAANG) - Facebook, Amazon, Apple, Netflix, and Google (FAANG)
- ★ Global Institute for Tomorrow (GIFT - https://global-inst.com/learn/) - Global Institute for Tomorrow (GIFT - https://global-inst.com/learn/)
- ★ Science, Technology, Engineering, and Mathematics (STEM) - Sciences, Technologies, Ingénierie et Mathématiques (STIM)
- ★ Tax Effective Supply Chain Management (TESCM) - Gestion de la chaine d'approvisionnement fiscalement efficace (TESCM)
- ★ Robotic Automation in Cloud (BOTs) - Automatisation robotique dans le Cloud (BOT's)
- ★ Chinese Communist Party (CCP) - Parti Communiste Chinois (PCC)
- ★ Franklin D. Roosevelt (FDR) - Franklin D. Roosevelt (FDR)
- ★ Theodore Roosevelt (TR) - Theodore Roosevelt (TR
- ★ Organization for Economic Cooperation and Development (OECD) Organisation de cooperation et développement économiques (OCDE)
- ★ Artificial Intelligence (AI) - Intelligence Artificielle (IA)
- ★ The Trans-Pacific Partnership (TPP) - Le Partenariat Transpacifique (PTP)
- ★ Society for Worldwide Interbank Financial Telecommunication (SWIFT) - Société de télécommunications financières interbancaires mondiales (SWIFT)
- ★ Special-Purpose Vehicle (SPV) - Véhicule de titrisatio (SPV)
- ★ Blockchain Service Network (BSN) - Réseau de Service de la Blockchain (BSN)
- ★ New Development Bank (NDB) - Nouvelle Banque de Développement (NDB)
- ★ Cross-Border Interbank Payment System (CIPS) - Système de paiement interbancaire transfrontalier (CISP)

Images d'art utilisées dans ce livre

Theyyam, la « Danse des Dieux » : L'état bienheureux du Kerala a une plus grande richesse de traditions culturelles que toute autre partie du monde. Theyyam est la « Danse des Dieux ». La danse flamboyante incorpore des éléments et des rituels des âges préhistoriques. Il y a environ 456 sortes de Theyyam (Theyyakkolams) qui sont exécutés dans la région de l'Inde appelée le nord de Malabar, qui est mon lieu de naissance.

https://www.tiger-rider.com/Client-Galleries/Rhodes/
https://en.wikipedia.org/wiki/Theyyam

Thrissur Puram, le Festival des Festivals : Thrissur (capitale culturelle de l'Inde) est ma ville de naissance. C'est là que j'ai vécu 4 Purams pendant que je faisais mes études d'ingénieur. J'ai toujours rêvé de m'intéresser au Puram de plus près, mais c'était impossible du fait du nombre de participants chaque année. Finalement j'ai eu la chance une fois dans ma vie d'avoir accès à Rostrum au Durbar Divin (laissez-passer d'invité par Trichbur Collector) laissez-passer média avec accès à tout par Thiruvambadi & Parammekkavu Devaswom.

https://www.tiger-rider.com/Client-Galleries/Puram/
http://en.wikipedia.org/wiki/Thrissur_Pooram

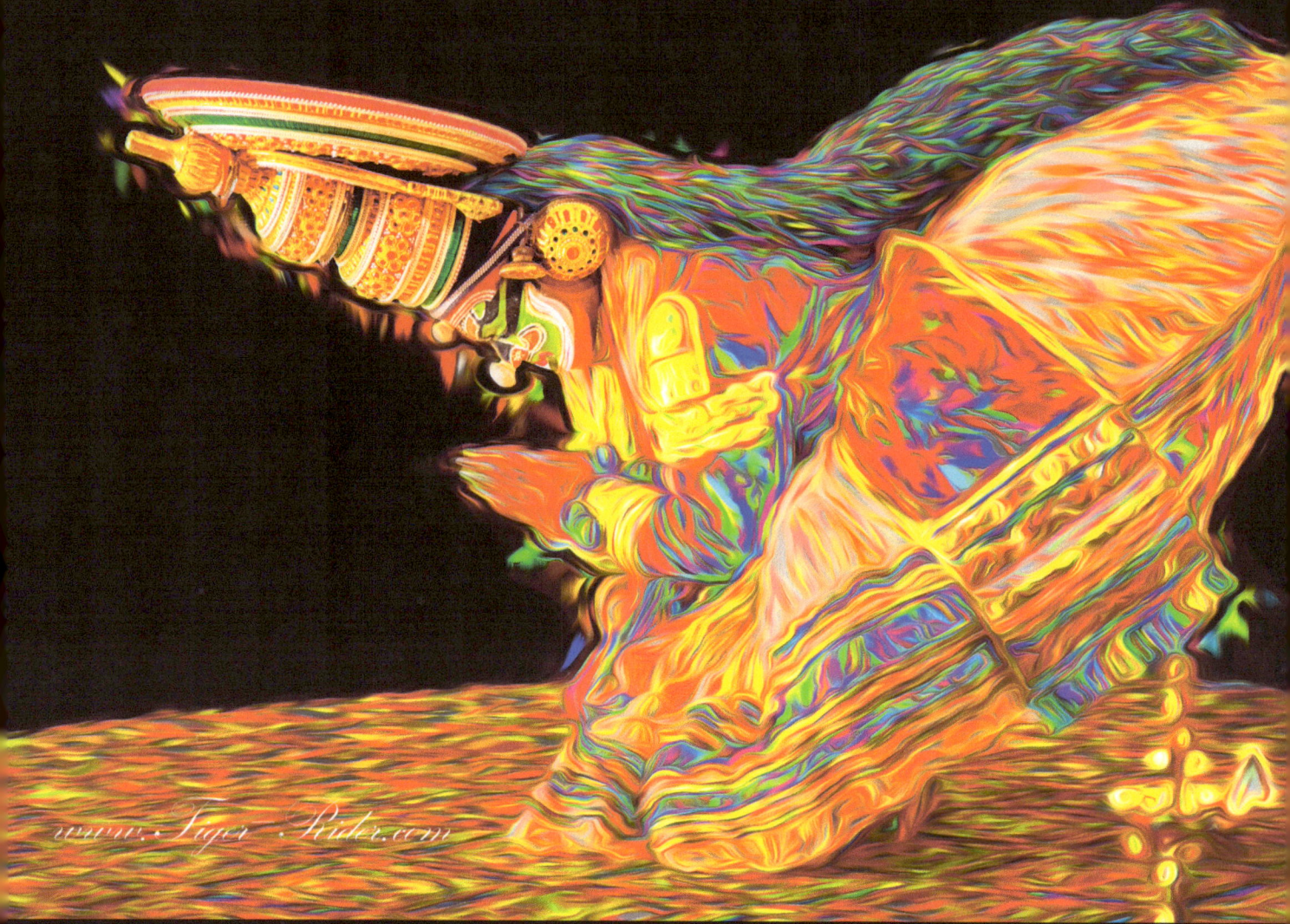

Kathakali, l'art de raconter des histoires : Kathakali (Malayalam: കഥകളി) est une forme essentielle de danse classique indienne. C'est un genre d'art "story-play", mais qui se distingue par des maquillages, des costumes et des masques colorés que portent traditionnellement les acteurs-danseurs mâles. Kathakali est un art Hindou de la region sud-ouest de l'Inde (Kerala), qui parle le Malayalam. (Kerala).

https://www.tiger-rider.com/Client-Galleries/KathakaliICCT/
https://en.wikipedia.org/wiki/Kathakali

Devant le portrait de Franklin D. Roosevelt, le président Donald J. Trump prend la parole lors d'un événement commémoratif national du jour J. Mercredi 5 juin 2019 - Southsea Common à Portsmouth. Royaume Uni (Photo officielle de la Maison Blanche - Photo de Shealah Craighead)

Le président Donald J. Trump tient un exemplaire du Washington Post lors du Petit déjeuner de prière 2020. Jeudi 6 février 2020 - Hilton de Washington. (Photo officielle de la Maison Blanche - Photo de Joyce N. Boghosian)

ENDNOTES

1 En sciences politiques, le terme de république bananière décrit un pays à la politique instable, dont l'économie dépend de l'exportation de ressources limitées, tels les bananes ou les minéraux. https://www.theatlantic.com/politics/archive/2013/01/is-the-us-on-the-verge-of-becoming-a-banana-republic/267048/

2 Chiraq est le surnom de Chicago, Illinois. Il combine les mots Chicago et Iraq, et est utilisé pour faire référence à certains quartiers violents de la ville, les comparant à une zone de guerre. https://www.dictionary.com/e/slang/chiraq/#:~:text=Chiraq%20is%20a%20nickname%20for,likening%20them%20to%20a%20warzone

3 Barricader consiste à installer des planches sur les portes et fenêtres d'une propriété pour la protéger des dommages d'une tempête, la sécuriser quand elle est abandonnée, vide ou inutilisée, et/ou en empêcher l'accès aux squatters, pillards ou vandales. https://www.wbez.org/stories/protest-art-has-covered-boarded-up-businesses-will-it-be-preserved/e3db8017-a6ba-4dde-9bc3-3d17f6ee5392

4 Durant les derniers 5 000 ans, la Chine a été connue sous différents noms, mais l'appellation la plus traditionnelle qu'elle a elle-même utilisée est « Zhonggou », ce qui signifie « l'Empire du Milieu » (quelquefois aussi traduit par le « Royaume du Milieu »). http://www.learnmartialartsinchina.com/kung-fu-school-blog/why-is-china-called-the-middle-kingdom/#:~:text=Throughout%20the%20last%205000%20years,sometimes%20translated%20as%20Central%20Kingdom

5 https://www.britannica.com/place/Third-Reich

6 La Companie Néerlandaise des Indes Orientales, connue sous le nom de United East India Company ou en hollandais Dutch Vereenigde Oost-Indische Compagnie, a été fondée en 1602 par les Provinces Unies (aujourd'hui les Pays-Bas). C'était une société de négoce qui protégeait le commerce de cet état dans l'océan Indien et aidait dans la Guerre de Quatre-Vingts ans contre l'Espagne. https://www.pbs.org/wgbh/roadshow/stories/articles/2013/1/7/dutch-east-india-company-worlds-first-multinational/

7 La Compagnie des Indes orientales était une société anglaise formée pour l'exploitation du commerce avec l'Asie orientale et le Sud-Est et l'Inde. Constituée en vertu d'une charte royale le 31 décembre 1600, elle a été créée en tant qu'organisme de commerce monopolistique, afin que l'Angleterre puisse participer au négoce des épices en Inde orientale. https://www.bbc.co.uk/programmes/n3csxl34

8 Le New Deal est une série de programmes, de projets de travaux publics, de réformes financières et de règlements, adoptés aux États-Unis entre 1933 et 1939, par le président Franklin D. Roosevelt. Après la Grande dépression, il a répondu aux besoins de secours, de réforme et de rétablissement.

9 La crise financière mondiale de 2008 est l'un des exemples fréquents les plus récents d'un tsunami économique. Le marché des prêts hypothécaires à risque aux États-Unis a, dans ce cas, agi comme déclencheur, les grandes banques d'investissement (BEI) ayant mal calculé le niveau de risque de certains titres adossés à des créances. https://www.investopedia.com/terms/e/economictsunami.asp#:~:text=The%202008%20global%20financial%20crisis,in%20certain%20collateralized%20debt%20instruments.

10 La crise financière mondiale de 2008 est l'un des exemples fréquents les plus récents d'un tsunami économique. Le marché des prêts hypothécaires à risque aux États-Unis a, dans ce cas, agi comme déclencheur, les grandes banques d'investissement (BEI) ayant mal calculé le niveau de risque de certains titres adossés à des créances. https://www.investopedia.com/terms/e/economictsunami.asp#:~:text=The%202008%20global%20financial%20crisis,in%20certain%20collateralized%20debt%20instruments.

11 La diplomatie du piège de la dette décrit la diplomatie basée sur la dette, menée dans les relations bilatérales entre des pays avec une intention souvent alléguée négative. Bien que ce terme ait été appliqué aux pratiques de prêt de nombreux pays et du Fonds monétaire international (FMI), il est actuellement le plus souvent associé à la République populaire de Chine. https://foreignpolicy.com/2020/03/23/china-coronavirus-belt-and-road-bri-boost-debt-diplomacy/

12 La Belt and Road Initiative, anciennement connue sous le nom de One Belt One Road ou OBOR, est une stratégie mondiale de développement des infrastructures, adoptée par le gouvernement chinois en 2013 pour investir dans divers pays et organisations internationales. https://www.oecd.org/finance/Chinas-Belt-and-Road-Initiative-in-the-global-trade-investment-and-finance-landscape.pdf

13 Le Plan Marshall (officiellement appelé "Programme de Reconstruction de l'Europe" - ERP) était une initiative améri-caine passée en 1948 pour l'aide étrangère à l'Europe de l'Ouest. https://history.state.gov/milestones/1945-1952/mar-shall-plan

14 La « Digital Silk Road » (DSR) a été introduite en 2015 par un livre blanc officiel du gouvernement chinois, dans le cadre de la Belt and Road Initiative (BRI) de Pékin. Depuis des années, il s'agit moins d'un ensemble de projets identifiables que d'une marque pour pratiquement toutes les opérations commerciales liées aux télécommuni-cations / données ou les ventes de produits par des entreprises technologiques basées en Chine, en Afrique, en Asie, en Europe, en Amérique latine ou dans les Caraïbes, abris des 100 « Pays BRI ». https://carnegieendowment.org/2020/05/08/will-china-control-global-internet-via-its-digital-silk-road-pub-81857

15 Le Plan des Mille Talents (TTP) (en chinois : 千人计划; pinyin: Qiān rén jihuà) ou le Programme des Mille Talents (en chinois : 海外高层次人才引进计划; pinyin: Hăiwài gāo céngcì réncái yìnjìn jihuà) a été établi en 2008 par le gou-vernement central de Chine pour to identifier et recruter des experts internationaux de premier plan dans la re-cherche scientifique, l'innovation et l'entreprenariat. https://www.hsgac.senate.gov/imo/media/doc/2019-11-18%20PSI%20Staff%20Report%20-%20China's%20Talent%20Recruitment%20Plans.pdf

16 Un expatrié (souvent appelé Expat) est une personne qui réside dans un pays autre que son pays de naissance https://www.merriam-webster.com/dictionary/expatriate

17 https://itif.org/publications/2020/06/22/new-report-shows-unfair-chinese-government-support-huawei-and-zte-has-harmed

18 Dans la culture russe, le « kompromat », abréviation d'« information compromettante », est un élément qui nuit à un politicien, un homme d'affaires ou un autre personnage public, et est utilisé pour créer une publicité négative, faire chanter ou extorquer. https://www.newyorker.com/news/swamp-chronicles/a-theory-of-trump-kompromat

19 Après avoir établi des têtes de pont en Asie, en Europe et en Afrique, les entreprises chinoises de l'intelligence arti-ficielle se tournent maintenant vers l'Amérique latine, une région que le gouvernement chinois qualifie d'« intérêt économique fondamental ». Le Venezuela a récemment lancé un nouveau système national de cartes d'identité qui enregistre les affiliations politiques des citoyens dans une base de données créée par ZTE. Ironie du sort, pen-dant des années, des entreprises chinoises ont vendu bon nombre de ces produits de surveillance lors d'une ex-position sur la sécurité, qui se tient au Xinjiang, la province d'origine des Ouighours. https://www.theatlantic.com/magazine/archive/2020/09/china-ai-surveillance/614197/

20 https://www.theatlantic.com/magazine/archive/2020/09/china-ai-surveillance/614197/

21 https://www.brookings.edu/opinions/the-aiib-and-the-one-belt-one-road/

22 https://en.wikipedia.org/wiki/List_of_countries_by_GDP_(PPP)

23 https://www.heritage.org/defense/commentary/chinas-defense-spending-larger-it-looks

24 https://youtu.be/2J9y6s_ukBQ

25 https://www.nytimes.com/2018/01/18/us/politics/trump-border-wall-immigration.html

26 https://fee.org/articles/the-medical-cartel-is-keeping-health-care-costs-high/#:~:text=Though%20few%20Amer-icans%20realize%20it%2C%20health%20care%20is%20a%20monopoly.,-Cartels%20Protecting%20Doctors&tex-t=Cartels%20Protecting%20Doctors-Both%20directly%20or%20indirectly%2C%20the%20AMA%20also%20con-trols%20the%20prices,payment%20policies%20of%20insurance%20companies.

27 https://www.oecd-ilibrary.org/education/education-at-a-glance-2018_eag-2018-en

35 La version indienne du féodalisme. Un zamindar, dans le sous-continent indien, était un souverain autonome ou semi-autonome d'un état qui avait accepté la suzeraineté de l'empereur de l'Hindoustan. Le terme signifie propriétaire foncier en persan. Typiquement héréditaires, les zamindars détenaient d'énormes étendues de terre et contrôlaient leurs paysans, sur lesquels ils se réservaient le droit de percevoir l'impôt pour le compte des tribunaux impériaux ou à des fins militaires. https://www.britannica.com/topic/zamindar

36 Gordon Gekko est un personnage de fiction, qui apparaît comme le méchant dans le film populaire d'Olivier Stone « Wall Street » - 1987 https://review.chicagobooth.edu/behavioral-science/2017/article/moral-ambivalence-gordon-gekko

37 Un thriller de science-fiction sombre qui est pertinent pour la société actuelle et les inégalités sociales et économiques existantes. https://www.sonypictures.com/movies/elysium

38 Le Mystère du Capital d'Hernanco Soto : Pourquoi le capitalisme triomphe en Occident et échoue partout ailleurs. https://www.amazon.com/dp/B06XCFW5ZN/

39 https://www.sba.gov/sites/default/files/FAQ_Sept_2012.pdf

40 Un thriller de science-fiction sombre qui est pertinent pour la société actuelle et les inégalités sociales et économiques existantes. https://en.wikipedia.org/wiki/Elysium_(film)

41 https://www.cnn.com/2020/01/07/tech/boz-trump-facebook/index.html

42 https://www.swift.com/sites/default/files/documents/swift_bi_currency_evolution_infopaper_57128.pdf

43 https://www.thebalance.com/black-wednesday-george-soros-bet-against-britain-1978944

44 https://en.wikipedia.org/wiki/1997_Asian_financial_crisis#:~:text=Malaysian%20Prime%20Minister%20Mahathir%20Mohamad,sold%20it%20short%20in%201997.

45 https://www.rottentomatoes.com/tv/the_man_in_the_high_castle/s01

46 https://www.rottentomatoes.com/m/american_factory

47 https://en.wikipedia.org/wiki/Snake_oil

48 https://www.imf.org/en/Publications/GFSR/Issues/2019/10/01/global-financial-stability-report-october-2019

49 L'homonyme de ce livre tire son titre du film humoristique de 1980 « The Gods Must Be Crazy », dans lequel une bouteille de Coca-Cola vide tombe d'un avion sur une communauté de bushmen africains. La bouteille est un cadeau divin, mais après qu'elle ait conduit à des luttes intestines entre les villageois, le chef tribal décida de la rendre aux dieux en envoyant un des anciens au bout du monde, pour la jeter dans l'univers. Grâce à ma bouteille de coca métaphorique, je peux voir l'aube d'une nouvelle ère. Ce livre est à la fois un témoignage des gloires passées de l'Empire américain actuel, et un guide pour la restauration du Capitalisme et de l'Entreprise ... avant qu'il ne soit trop tard. https://www.rottentomatoes.com/m/the_gods_must_be_crazy

50 https://global-inst.com/

51 https://en.wikipedia.org/wiki/Snake_wine

52 https://www.cato.org/cato-journal/winter-2018/against-helicopter-money

53 https://www.cato.org/cato-journal/winter-2018/against-helicopter-money

54 https://www.investopedia.com/terms/g/gordon-gekko.asp

55 https://www.investopedia.com/terms/q/quantitative-easing.asp

56 https://youtu.be/8iXdsvgpwc8

57 Connue sous le nom de « Triple talaq », cette procédure permet au mari de divorcer de sa femme en répétant trois fois dans la journée le mot « talaq », à quelque moment et sous quelque forme que ce soit, y inclus par email https://en.wikipedia.org/wiki/Divorce_in_Islam

58 https://en.wikipedia.org/wiki/List_of_countries_by_GDP_(PPP)

59 https://www.whitehouse.gov/presidential-actions/memorandum-order-defense-production-act-regarding-3m-company/

60 https://www.theatlantic.com/education/archive/2018/09/why-is-college-so-expensive-in-america/569884/

61 https://www.theregister.com/2021/08/20/china_5g_progress/

62 https://www.mckinsey.com/business-functions/organization/our-insights/getting-practical-about-the-future-of-work

63 https://www.swift.com/sites/default/files/documents/swift_bi_currency_evolution_infopaper_57128.pdf

64 https://data.worldbank.org/indicator/CM.MKT.LDOM.NO?end=2018&locations=US&start=1996

65 https://watson.brown.edu/costsofwar/papers/2021/ProfitsOfWar

66 Saudi Sovereign-Wealth Fund Buys Stakes in Facebook, Boeing, Cisco Systems - WSJ

67 https://www.whitehouse.gov/briefing-room/presidential-actions/2021/09/03/executive-order-on-declassification-review-of-certain-documents-concerning-the-terrorist-attacks-of-september-11-2001/

68 https://en.wikipedia.org/wiki/Charlie_Wilson%27s_War_(film), https://www.pbs.org/wgbh/frontline/film/bitter-rivals-iran-and-saudi-arabia/, https://en.wikipedia.org/wiki/Syriana, https://www.pbs.org/frontlineworld/stories/r4.html https://www.pbs.org/independentlens/films/shadow-world/

69 https://www.wsj.com/articles/saudi-sovereign-wealth-fund-buys-stakes-in-facebook-boeing-cisco-systems-11589633300

70 https://en.wikipedia.org/wiki/Lobbying_in_the_United_Stateshttps://www.american.edu/spa/ccps/upload/thurber-testimony.pdf

71 https://www.brennancenter.org/our-work/analysis-opinion/how-campaign-spending-judicial-elections-subverts-justice

72 https://en.wikipedia.org/wiki/Snake_oil

73 https://www.britannica.com/place/Third-Reich

74 https://www.rottentomatoes.com/tv/the_man_in_the_high_castle/s01

75 https://www.rottentomatoes.com/m/american_factory

76 https://youtu.be/8iXdsvgpwc8

77 https://global-inst.com/

78 https://www.investopedia.com/terms/q/quantitative-easing.asp

79 http://www.petrochina.com.cn/ptr/index.shtml

80 https://www.total.com/

81 https://www.history.com/topics/cold-war/the-khmer-rouge

REMERCIEMENTS

Je tiens à exprimer ma gratitude à tous ceux qui m'ont critiqué de façon constructive et qui m'ont aidé à surmonter trois décennies de réalités déformées. Un grand merci à tous ceux qui m'ont donné différentes perspectives, y compris Fox News, PBS, Real Vision, FT, HBR, Bloomberg, Ray Dalio, Hernando de Soto, Chamath Palihapitiya, Charlie Rose, GIFT (www.global-inst.com)...

Il s'agit d'un manuscrit vivant, qui évoluera continuellement en fonction de vos commentaires constructifs (contact @ www.EPM-Mavericks.com or www.Tiger-Rider.com)

Les recettes de ce livre seront reversées à la Mission Mère Teresa (Missionnaires de la Charité) ou à des missions similaires.

www.ingramcontent.com/pod-product-compliance
Lightning Source LLC
Chambersburg PA
CBHW050914210326
41597CB00002B/111